Margot Käßmann
Sorge dich nicht, Seele

Margot Käßmann

Sorge dich
nicht, Seele

Warum wir nicht verzagen müssen

Mit Bildern von Kristina Johlige Tolstoy

In Erinnerung an meine Großeltern
Maria und Gerhardt Storm

Inhalt

Vom Sorgen und Verzagt-Sein –
und dem Mut zum Leben

Eigentlich …", sagt mir die junge Frau, „… könnte ich total glücklich sein! Ich liebe meinen Mann, unser kleiner Sohn entwickelt sich prächtig, meine Arbeit macht mir Spaß. Aber ich mache mir dauernd Sorgen, dass etwas passieren könnte. Und dann ärgere ich mich, dass ich mich vor lauter Sorgen über diese Zeit jetzt gar nicht richtig freuen kann."

Als ich gegen Ende einer längeren Bahnreise die Schaffnerin, die meine Fahrkarte kontrolliert, frage, ob sie bald Dienstschluss hat, erzählt sie, sie müsse am Abend noch zurück nach Köln und morgen früh um sieben schon wieder los, dann nach Berlin. Ich drücke mein Mitgefühl aus. Sie sagt lachend: „Ach was, ich hab es mir doch so ausgesucht."

„Ich bin im Dauerstress", sagt mir der Unternehmer. „Wer einen Betrieb hat wie ich, muss dauernd in Sorge sein: um den Erfolg, um die Innovation, um die Mitarbeiter. Das Leben genießen kann ich jetzt gar nicht, das schieb ich auf später."

Im Supermarkt frage ich die Kassiererin, wie es ihr heute geht. Sie sagt: „Ach, Frau Käßmann, es gibt Tausende, denen es besser geht als mir. Aber auch Millionen, denen es schlechter geht."

Vier kurze Schlaglichter auf vier Menschen, die sehr unterschiedlich mit ihrem Leben umgehen.

„Sorge dich nicht so sehr!", möchte ich vielen zurufen. Das meint kein billiges „Das wird schon wieder". Nein, die Sorgen sind ja da. Und wir müssen, ja, sollen sie auch ernst nehmen. Viele haben Angst vor Krankheit oder Verlust. Und es gibt sie ganz real, die kleinen und großen Störfälle des Lebens, bei denen es so scheint, als ob alles völlig aus den Fugen gerät. Aber schon Sorgen zu haben, bevor eine Herausforderung tatsächlich auf dich zukommt, das lenkt permanent ab vom guten Leben. Mehr noch: Die Sorgen verhindern die Freude am Dasein.

Der König von Bhutan hat vor einigen Jahren vorgeschlagen, nicht das Bruttoinlandsprodukt zum Maßstab für den Lebensstandard eines Landes zu erheben, sondern das Bruttonationalglück. Dann würden nicht nur Wirtschaftswachstum, sondern auch soziale Faktoren, kulturelle Werte, Bewahrung der Umwelt und gute, lebensfreundliche Strukturen in die Bewertung eingehen. Ich finde, das ist ein guter Ansatzpunkt. Gewiss, die Finanzen sind wichtig. Aber es ist auch erwiesen, dass ab einem bestimmten Punkt der Absicherung durch Einkommen keine Steigerung der Lebensqualität mehr erfolgt. Und das alte Sprichwort gilt: Geld allein macht nicht glücklich.

Ich möchte Mut machen, die Perspektive zu wechseln und das Leben mit anderen Augen zu betrachten. Das Sorgen, die Befürchtungen, die Ängste zerfressen am Ende nur die Lebenslust, verändern aber doch gar nichts. Es geht darum, zu genießen, was uns das Leben an schönen Momenten schenkt. Sei dankbar für das, was du erleben darfst, für Menschen, die dich lieben, für schöne Erlebnisse, auch für den Alltag, der doch gar nicht immer nur grau ist, sondern oft so wunderbar sein kann. Ich denke an eine gemeinsame Mahlzeit mit guten Gesprächen, an einen herrlichen Spaziergang im Wald, das Lachen eines fröhlichen Menschen. Die Freiheit, alles denken und über alles reden zu dürfen. Das Glück, genug zum Essen zu haben. Viele Menschen auf der Welt beneiden uns darum, wie abgesichert wir in Deutschland leben können. Natürlich gibt es auch in unserem Land Armut, Krankheit, Belastungen. Aber insgesamt geht es uns verglichen mit dem Rest der Welt sehr gut.

Seit einigen Jahren gibt es einen World Happiness Report. Im Jahr 2015 landete Deutschland mit Blick auf das allgemeine Glücksgefühl auf Platz 26 von 158 Staaten. Eigentlich gar nicht so schlecht, aber es macht doch stutzig: Obwohl wir in einem der reichsten Länder der Erde und in Frieden leben, ist ein glückliches, überschwängliches, unbeschwertes und dankbares Lebensgefühl in Deutschland derzeit nicht oft anzutreffen. Viele Menschen erlebe ich so, als würden sie geradezu von Sorgen niedergedrückt. Sie gehen jedenfalls nicht frohgemut durchs Leben. Obwohl sie weitgehend abgesichert und in Freiheit leben dürfen und selbst die Ärmeren unter uns mehr besitzen als viele Menschen in anderen Ländern, freuen sich viele nicht an den guten Tagen, die uns geschenkt sind, sondern sorgen sich unentwegt: Es könnte schlechter werden, es könnte bergab gehen, es könnte am Ende nicht mehr reichen, um ein angenehmes Leben zu führen. Wir könnten selbst krank werden oder geliebte Menschen verlieren. Der Arbeitsplatz ist auf Dauer nicht sicher. Flüchtlinge, die in großer Zahl zu uns kommen, verändern unser Land. Terroristen bedrohen die Freiheit, in der wir nun schon so lange leben dürfen. Solche und andere Sorgen treiben uns um. Die Erfahrung zeigt, dass letztlich die meisten unserer Befürchtungen nicht eintreffen. Aber das Grundgefühl permanenter Unsicherheit macht etwas mit uns.

Ich habe im Laufe der Jahre gelernt: Du musst nicht verzagen, wenn es mal nicht so gerade läuft wie geplant! Das Leben will gelebt und nicht einfach nur erlitten werden. Es gibt fast immer einen Weg nach vorn, auch wenn ich ihn im Moment nicht sehen kann – das sagt die Lebenserfahrung. Manchmal müssen Durststrecken durchgestanden werden, aber das heißt nicht, dass nicht auch wieder helle Lebensphasen kommen können.

Gerade wenn wir Leid aushalten müssen, schwere Tage durchleben, von Zweifeln geplagt sind, erfahren wir die tiefsten und intensivsten Zeiten unseres Lebens, die wir im Rückblick meist nicht missen möchten. Natürlich ist das in dem Moment, in dem es uns nicht gut geht, wir verletzt oder enttäuscht sind, nicht mehr weiterwissen, kaum zu spüren. Aber das Wissen darum, das es anders werden kann, gibt uns Kraft, in solchen Zeiten durchzuhalten und nicht zu verzagen.

Doch ich will Sorgen und Nöte keinesfalls banalisieren oder beschwichtigen. Denn das Gefühl der Perspektivlosigkeit und die damit einhergehende Verzweiflung kennt wohl jeder Mensch mit ein wenig Lebenserfahrung: Es gibt Zeiten, in denen du überhaupt nicht mehr weißt, wie es weitergehen soll. Vielleicht liegt deine Ehe in Trümmern. Du hast eine Krebsdiagnose erhalten. Dein Arbeitsplatz ist gefährdet. Oder du bist schlicht total überfordert mit all dem, was auf dich einstürzt, weißt nicht mehr, wie du das alles schaffen sollst: Familie, Kinder, Beruf – all die Anforderungen. Und du fragst dich: Was soll ich nur tun? Wie kann ich weiterleben mit all den Sorgen? Oder finde ich überhaupt noch Sinn in meinem Leben?

Wie gehe ich mit Leid um? Was kann ich tun, angesichts der Entfremdung von meinen Kindern? Kommt eine Scheidung infrage, wenn meine Beziehung schon seit längerer Zeit zerrüttet ist – oder bin ich an das Eheversprechen um jeden Preis gebunden? Darf ich mir das Leben nehmen, wenn ich unheilbar krank bin oder es einfach nicht mehr aushalte?

Dazu kommen die ganz großen Fragen unserer Zeit: Wie können wir dem Terrorismus entgegentreten? Kaum eine Woche vergeht, ohne dass irgendwo auf der Welt etwas Schreckliches passiert. Was wird werden, angesichts der Millionen von Flüchtlingen und der zunehmenden sozialen Spannungen in unserem Land? Ist die Zeit des Wohlstands vorbei? Wir sehen die

Bilder von überfluteten Straßen und Häusern, Schlammlawinen, Menschen, die dadurch alles verloren haben. Ist die Klimakatastrophe überhaupt noch abwendbar? Schon fragen die Ersten wieder, ob es noch verantwortbar ist, Kinder in diese Welt zu setzen.

Interessant finde ich, dass vor einiger Zeit ein Psychoanalytiker erklärt hat, die Fremden, die zu uns fliehen, würden unseren erstarrten Alltag verunsichern. Matthias Wellershoff sagt: „Die Geflüchteten konfrontieren uns nicht nur mit unserer privilegierten Lebenssituation, sondern auch mit unserer eigenen Unfähigkeit, ein vorgefertigtes Leben mit mutigen Entscheidungen zu unserem eigenen Leben zu machen. Die Folge: eine Neigung zu depressivem Verharren. Oft wäre in unserem ganz normalen Leben eine Art Flucht aus der Erstarrung vonnöten. Aber unsere Sachzwänge halten uns davon ab."[1]

Führt uns der Aufbruch der Menschen in Afrika Richtung Europa also unsere eigene Erstarrtheit vor Augen? Würden wir vielleicht selbst auch gern aufbrechen? Stellt sich angesichts der Zuwanderung die Frage, ob wir selbst noch gerne dort sind, wo wir sind?

Im Matthäusevangelium (6,25–34) sagt Jesus:

Darum sage ich euch: Sorgt nicht um euer Leben, was ihr essen und trinken werdet; auch nicht um euren Leib, was ihr anziehen werdet. Ist nicht das Leben mehr als die Nahrung und der Leib mehr als die Kleidung? Seht die Vögel unter dem Himmel an: sie säen nicht, sie ernten nicht, sie sammeln nicht in die Scheunen; und euer himmlischer Vater ernährt sie doch. Seid ihr denn nicht viel mehr als sie? Wer ist unter euch, der

---

1 Was machen diese Bilder mit uns? Ein Gespräch mit Psychoanalytiker Matthias Wellershoff, der in seiner Praxis erfährt, wie die Flüchtlingskrise auf unsere Seelen wirkt, in: DIE ZEIT Nr. 13, 17. März 2016, S. 41 f.

seines Lebens Länge eine Spanne zusetzen könnte, wie sehr er
sich auch darum sorgt? Und warum sorgt ihr euch um die Klei-
dung? Schaut die Lilien auf dem Feld an, wie sie wachsen: sie
arbeiten nicht, auch spinnen sie nicht. Ich sage euch, dass auch
Salomo in aller seiner Herrlichkeit nicht gekleidet gewesen ist
wie eine von ihnen. Wenn nun Gott das Gras auf dem Feld so
kleidet, das doch heute steht und morgen in den Ofen geworfen
wird: sollte er das nicht viel mehr für euch tun, ihr Kleingläubi-
gen? Darum sollt ihr nicht sorgen und sagen: Was werden wir
essen? Was werden wir trinken? Womit werden wir uns klei-
den? Nach dem allen trachten die Heiden. Denn euer himm-
lischer Vater weiß, dass ihr all dessen bedürft. Trachtet zuerst
nach dem Reich Gottes und nach seiner Gerechtigkeit, so wird
euch das alles zufallen. Darum sorgt nicht für morgen, denn
der morgige Tag wird für das Seine sorgen. Es ist genug, dass
jeder Tag seine eigene Plage hat.

Das ist keine billige Beschwichtigung. Jesus sieht ja, wie sehr
sich die Menschen sorgen, um Kleidung und Essen, um ihre
Kinder, um die Zukunft. Seine Antwort ist: Lasst euch davon
nicht zerfressen. Setzt den Sorgen Gottvertrauen entgegen,
dann seht ihr alles aus einer anderen Perspektive. Wer sich ständig sorgt, verpasst das Leben und erfährt nichts von der Freiheit der Kinder Gottes. Ich kann und sollte mich heute ausei-
nandersetzen mit dem, was ansteht. Aber was in einem Monat,
in einem Jahr sein wird – oder in fünf Jahren –, wer weiß das
schon? Niemand kann das überhaupt erahnen, auch wenn viele
meinen, sie könnten so weit nach vorn schauen und planen.

Mich berühren Briefe sehr, in denen Menschen mir gegen-
über auf nachdenkliche, eindrückliche Weise ihr Leben – unser
Leben – reflektieren. Diese Briefe sind Kostbarkeiten in einer
Gesellschaft, die keine Briefe mehr schreibt, in der sich nur

wenige Menschen die Zeit nehmen, über ihr Leben nachzudenken. Weil hier eine Tiefe sichtbar wird, die in unserem Alltag leider verdrängt wird. Einem Alltag, der oftmals von einem Lebensgefühl des Schneller, Höher, Weiter, dem Streben nach Wirtschaftswachstum und Wohlstandsvermehrung beherrscht wird. Der Medienrummel, mit dem uns immer öfter suggeriert wird, dass wir an bestimmten Themen nicht mehr vorbeikommen, tut ein Übriges und verunsichert meist mehr, als dass uns die Unmengen an Informationen helfen, die Welt besser zu verstehen und hoffentlich auch zum Positiven zu verändern. Noch nie konnten wir über so viele Informationen und über so viel Wissen verfügen wie heute. Und doch bleibt eine große Ratlosigkeit – oder vielleicht gerade deswegen?

Leider kann ich nur auf wenige dieser Briefe, die ich bekomme, persönlich antworten – es sind einfach zu viele. Aus einigen Zuschriften werde ich im Folgenden zitieren, selbstverständlich anonymisiert bzw. an einzelnen Stellen so verändert, dass die Verfasserin oder der Verfasser nicht erkennbar werden.

Dieses Buch ist ein Versuch, auf einige der mir gestellten Fragen Antworten zu formulieren, meine Lebens- und Glaubenserfahrungen mit Ihnen zu teilen. Der christliche Glaube kann uns Halt und Haltung geben, davon bin ich überzeugt. Er erscheint mir in keiner Weise als altmodisch oder gestrig, sondern als aktuell und Orientierung gebend.

Die Seele ist gewiss ein sehr besonderer Teil unseres Lebens. Dass „die Seele hinterherkommen muss", ist ein guter Ausspruch. Er stammt, meine ich, aus einer Erzählung, in der ein Indianer das erste Mal Auto fährt. Er lässt irgendwann den Fahrer anhalten und setzt sich an den Straßenrand, um seiner Seele zu ermöglichen, seinen Körper einzuholen. Das Bild ist vielen Menschen unserer Tage nahe. Sie leben unter großem Zeit- und Entscheidungsdruck. Und wenn sie einmal anhalten, fragen sie sich, warum sie bis hierhin gerannt sind. Oder warum sie manches gerade so entschieden haben und nicht anders – und wo überhaupt ihr persönliches Leben geblieben ist.

Niemand kann die Seele wirklich definieren, kein Mediziner weiß, wo sie in unserem Körper zu finden ist. Aber die meisten werden zugestehen, dass sie existiert. Die Literaturnobelpreisträgerin Swetlana Alexijewitsch hat in ihrem Buch über Frauen in der Sowjetarmee und über ihre Gespräche mit ihnen geschrieben: „Oft sitzen die Frauen mir gegenüber und lauschen in sich hinein. Lauschen auf die Stimme ihrer Seele, vergleichen sie mit ihren Worten."[2] Und weiter: „Ich folge den Spuren ihrer Seele, zeichne ihr Leben auf. Der Weg der Seele ist mir wichtiger als das Ereignis; es ist unwichtig oder nicht in erster Linie wichtig, ‚wie es war', nein, mich interessiert etwas anderes: Was geschah dort mit dem Menschen? Was hat er dort erlebt und verstanden? Über das Leben und den Tod generell? Was hat er für sich aus dieser tiefen Finsternis mitgenommen? Ich schreibe eine Geschichte der Gefühle."[3] Eine Beschreibung dessen, was wir Seele nennen. Die Frauen, die Swetlana Alexijewitsch interviewt hat, bestätigen das anrührend.

Die Seele ist das Innerste einer Person, unsere unverfälschbare Eigenheit. Die Bibel sieht die Seele als Spiegel des Menschen: Die Seele kann sich grämen, es kann ihr etwas gefallen (1. Sam 2,33+35), aber sie kann auch erbittert sein (1. Sam 30,6) oder betrübt (Hiob 10,1), und auch fröhlich (Ps 16,9). *Meine Seele ist stille zu Gott, der mir hilft*, heißt es in Psalm 62,2.

Darin sehe ich eine wichtige Grundhaltung, wenn wir Orientierung suchen: uns zurücknehmen in all den Sorgen, all der Angst und stille werden in dem Vertrauen, dass von Gott Lebenskraft ausgeht, die uns stärkt. Ich muss nicht verzagen,

2 Swetlana Alexijewitsch, Der Krieg hat kein weibliches Gesicht, Berlin 2013, S. 17.
3 Ebd. S. 61.

wenn ich mein Leben Gott anvertraue. Ja, es gibt Krisen und Leid, berechtigte Sorgen – das sollte niemals verdrängt oder geleugnet werden. Aber wir können mit diesen Belastungen leben, wenn wir unsere Seele stärken.

Leiderfahrungen vertiefen das Leben, so banal das klingt. Wenn ich zurückblicke, dann waren es die schwierigen Zeiten meines Lebens, in denen ich am intensivsten gelebt habe. Unsere Seele kann getrost sein. Oder wie es in meinem Lieblingslied von Paul Gerhardt heißt: Du, meine Seele, singe! Das passt gut zu der Erkenntnis, dass der hebräische Begriff für Seele, *Näfäsch*, der gleiche ist wie der für Kehle.

In meiner Erinnerung ist dieses Lied mit meiner Großmutter verbunden. Sie hat 1945 den Einmarsch der Sowjetarmee in Köslin erlebt. Ihr Mann wurde verschleppt, sie, ihre Tochter mit drei Kleinkindern und einige andere Frauen blieben in einem Haus zusammen und überlebten unter schrecklichen Umständen. 1946 flohen sie in den Westen. In einem Brief schreibt eine ehemalige Nachbarin am 19. Oktober 1947 an sie: „Fritz und Gerhardt (mein Großvater) sind auf dem ganzen Transport zusammen gewesen, nur in Graudenz sind sie gleich getrennt worden. Er hat ihn dann erst wieder gesehen, als er am 28. April gestorben ist. Aber auf dem Transport ist Gerhardt immer getrost und ganz vergnügt gewesen, er wollte, wenn erst wieder zu Hause, ein Buch über alles schreiben. Fritz meint, Gerhardt sei an Ruhr gestorben, sie haben alle darunter gelitten. Von 8000 sind 6000 verstorben … Ach Mariechen, ob wir alle noch einmal zurückkönnen? Wir machen das erste Heimweh erst so richtig durch. Aber einmal muss doch alles wieder einen Anfang haben."

Mein Großvater ist trotz schrecklicher Erfahrungen getrost geblieben und meine Großmutter sang in der Küche „Du, meine Seele, singe!" oder „Wer nur den lieben Gott lässt walten". Das ist mir Vorbild bis heute. Denn eine solche Grundzuversicht trägt in guten und in schweren Tagen, im Leben und im Sterben, das haben meine Großeltern vorgelebt und davon bin auch ich zutiefst überzeugt.

1

Es muss im Leben mehr als alles geben

Enttäuschungen und Irrwege auf der Suche nach dem Lebensglück

Im Jahr 1967 erschien ein Buch von Maurice Sendak mit dem Titel „Higgelti Piggelti Pop! Oder: Es muß im Leben mehr als alles geben". Die Geschichte ist schnell erzählt: Der Hund Jennie geht fort, weil er unzufrieden ist, obwohl er alles hat. Unterwegs macht er viele Erfahrungen, am Ende wird er ein bekannter Schauspieler und ist tatsächlich zufrieden. Das Kinderbuch wurde ein Dauererfolg, bis heute. Auch Erwachsene lieben es – vermutlich, weil die Geschichte unsere Gefühle spiegelt: Kann es sein, dass das alles ist in meinem Leben? Hätte ich nicht einiges ganz anders machen sollen? Wie wäre es, noch einmal aufzubrechen, neu anzufangen?

Abzweigungen

Solche Gedanken kennen viele Menschen, wenn sie älter werden. Wenn wir jung sind, scheint uns die ganze Welt offenzustehen. Obwohl auch das ja eine Illusion ist. Untersuchungen haben gezeigt, dass die soziale Herkunft entscheidend für unseren Lebensweg ist. Es ist uns sozusagen in die Wiege gelegt, ob wir später Abitur machen oder mit einem Hauptschulabschluss abgehen. Werden wir von unseren Eltern dabei unterstützt? Haben sie selbst dafür die Möglichkeiten und nehmen sie sich die Zeit, mit uns zu lernen, uns zu fördern? Wird etwa in einer Familie wenig Wert auf Bildung gelegt, warum sollte ich dann überhaupt versuchen, Abitur zu machen? Gerade in

Deutschland, das zeigen Studien[4], hängen soziale Herkunft und Bildungsabschluss eng zusammen.

Aber es spielt bei allem auch immer unsere eigene Entscheidung mit – natürlich im Rahmen der Gegebenheiten. Rückblickend denkt sicher mancher: Hätte ich doch! Warum eigentlich habe ich diese Möglichkeiten, beruflich ganz andere Wege zu gehen, gar nicht wahrgenommen? Aber auch: Warum hat mir niemand diese Horizonte eröffnet? Da gibt es nicht nur elterliche, sondern auch gesamtgesellschaftliche Verantwortung. Ich denke an einen Mann, der als Einziger seiner Geschwister Abitur gemacht und studiert hat – weil er über seine Kirchengemeinde Einblick in ganz andere Möglichkeiten bekam. Und er hat sie wahrgenommen.

Bei anderen halten wir die Luft an, wenn sie neu aufbrechen. Ich denke an die junge Frau, die studiert hat und es schaffte, eine gute Stelle zu finden. Alles schien gut. Aber auf einmal erklärt sie, es sei das falsche Studium gewesen, so habe sie sich das nicht gedacht. Sie fängt noch einmal ein neues, völlig anderes Studium an, muss nebenbei jobben, um sich zu finanzieren. Bevor sie in der zweiten Runde wieder in stabilen Verhältnissen angekommen ist, wird sie vierzig sein. Oder der Mann, der seine Frau und seine drei Kinder verlässt, weil er sich in eine Jüngere verliebt hat. Mit dieser bekommt er noch einmal drei Kinder. Finanziell wird es eng, weil er nicht nur für seine neue Familie sorgen, sondern auch Unterhalt zahlen muss – und du fragst dich, ob er so wirklich sein Glück gefunden hat.

Wahr ist auch, dass sehr viele Entscheidungen sehr früh getroffen und so Weichen für später gestellt werden, etwa mit Blick auf Sportlichkeit, Musikalität oder Sprachkenntnis. Die eigene Begabung zu entdecken und zu leben, ist nicht leicht.

---

4   Vgl. z. B. den Chancenspiegel der Bertelsmannstiftung 2015.

Da wird ein Mädchen zum Geigenunterricht geschickt, weil die Eltern es gut meinen. Aber eigentlich geht eine tolle Fußballerin an ihr verloren. Ein Junge wiederum will unbedingt Fußball spielen, weil das für Jungs dazugehört, wie er meint. Und eines Tages muss ihm der Trainer klarmachen, dass er dafür schlicht nicht begabt ist. Eine Frau erzählte mir, sie sei in einer Ballettkaderschule der DDR gewesen. Aber dann ergab eine Knochenmessung, dass sie später nicht grazil genug sein würde. Deshalb sollte sie zur Akrobatik wechseln. Aber das wollte sie nicht. Der Balletttraum war damit zerplatzt, ohne eine echte Alternative. Sie war tief enttäuscht und für einige Jahre geradezu aus der Bahn geworfen, weil sie nicht wusste, wie eine Zukunft ohne ihren Traum vom Balletttanzen aussehen sollte. Es ist gar nicht so leicht, herauszufinden, was der für mich richtige Weg ist, wenn ich jung bin.

Wenn wir älter werden, schauen wir zurück auf die Abzweigungen, die wir genommen haben, und fragen uns, ob es denn wirklich die richtigen waren. Hätte ich eine andere Ausbildung machen, ein anderes Studienfach wählen müssen? Warum bin ich nicht einfach mal aufgebrochen in die große, weite Welt, sie stand mir doch offen! War es richtig, alles in die Karriere zu investieren, habe ich dabei nicht mein Leben verpasst? Hätte ich jemand anderen heiraten sollen? Waren wir zu jung und unerfahren für Kinder? Oder wie schön wäre es gewesen, wenn wir Kinder bekommen hätten? Und so weiter und so weiter …

Wenn Menschen mit solchen Fragen und oft auch großer Unzufriedenheit zu mir kamen, hatte ich lange die Tendenz, sie zu beschwichtigen. Nach dem Motto: „Ist doch alles gar nicht so schlecht, du kannst doch auch so dankbar sein für dein Leben und wie gut es dir geht." Aber ich habe gelernt, dass das zu einfach ist. Wenn derart große Fragen nach dem Sinn des Lebens aufkommen, wenn sich Enttäuschung in den Alltag frisst und man ständig überlegt, ob nicht alles falsch läuft – dann ist das eine echte Krise. Und die lässt sich nicht einfach schönreden, sondern kann in einer handfesten Depression enden.

Viele Menschen scheinen andererseits rundherum zufrieden mit ihrem Leben zu sein. Das ist durchaus beneidenswert. Aber es ist auch wichtig, in bestimmten Lebensphasen die richtigen Fragen zu stellen und das Erlebte zu reflektieren – damit einen nicht irgendwann ein lange verdrängtes Thema doch noch einholt. Ich habe immer wieder erlebt, wie Menschen, bei denen ich das niemals vermutet hätte, durch ein einziges Ereignis in eine Abwärtsspirale gerieten. Die Seele ist nicht berechenbar und nicht steuerbar. Da kannst du jemandem noch so eindringlich sagen: „Die Sonne scheint, du hast es gut, du hast doch alles" – aber der andere kommt nicht aus seiner Dunkelheit heraus, sondern steckt in einer behandlungsbedürftigen Depression fest. Angehörige von Menschen, die unter einer Angststörung leiden oder mit Depressionen kämpfen, kommen da oft an ihre Grenzen. Der andere kann schlicht etwa nicht Bus fahren aus Angst. Und da hilft keine Beschwichtigung. Es entsteht gegenseitiges Unverständnis und Menschen, die eine solche psychische Krise durchleben müssen, ziehen sich zurück, werden einsam, weil es für die anderen so unendlich schwer ist, nachzuvollziehen, was sie gerade durchleben. Da gibt es eine tiefe Sprachlosigkeit. Sorge um die Seele ist deshalb kein schöngeistiges Thema, sondern echte und harte Arbeit am Leben, am Lebenssinn, am Lebensglück, an Beziehungen.

Kurzum: Es geht darum, die richtige Balance zu finden zwischen einem Grundgefühl der Zufriedenheit und dem wachen Blick darauf, ob ich in meinem Leben etwas ändern kann oder will. Wie will ich mein Leben gestalten, damit ich eines Tages zufrieden darauf zurückblicken kann?

Für mich bleibt die biblische Geschichte von Josef wegweisend, der am Ende nach allen Irrungen und Wirrungen sagen kann: *Ihr gedachtet es böse mit mir zu machen, aber Gott gedachte es gut zu machen, um zu tun, was jetzt am Tage ist, nämlich am Leben zu erhalten ein großes Volk.* (1. Mose 50,20)

Verantwortungsdreieck

Wenn ich überlege, wie ich leben will, ist für mich die Antwort wesentlich, die Jesus auf die Frage gibt, was denn das höchste Gebot Gottes für den Menschen sei. Wohlgemerkt: Es geht um ein GE-bot, nicht um ein VER-bot, viele verwechseln das gern. Jesus sagt: *Du sollst den Herrn, deinen Gott, lieben von ganzem Herzen, von ganzer Seele, von allen Kräften und von ganzem Gemüt, und deinen Nächsten wie dich selbst.* (Lk 10,27)

Für mich ist das eine gute Leitplanke fürs Leben, etwas, das mir Halt gibt. Ich bezeichne diese Grundhaltung gerne als Verantwortungsdreieck gegenüber Gott, meinen Mitmenschen und mir selbst. Zum einen verantworte ich mein Leben vor Gott, stehe in einer Beziehung zu dieser Geistkraft, oder auch dem Vater im Himmel, der tröstenden Mutter. Dazu gehört unmittelbar, dass ich meinen Nächsten im Blick habe und dafür Sorge trage, dass es ihm gut geht. Und dann darf und soll ich mich auch selbst lieben und auf das achten, was mir persönlich guttut.

Vor Gott bleibt nichts verborgen, vor Gott bin ich völlig transparent wie ein offenes Buch. Diese Vorstellung hat vielleicht für manche auch etwas Erschreckendes. Aber mein Verhältnis zu Gott ist nicht von Furcht gekennzeichnet, sondern voller Vertrauen, weil ich auch meine Ängste, mein Scheitern vor Gott aussprechen kann – ohne Furcht vor Verurteilung oder gar Strafe.

Ein Gott, der Angst verbreitet, ist nach meinem Glauben unvorstellbar.

Warum sich manche religiösen Menschen auch heute immer wieder gerade dieses strafende Gottesbild zurückwünschen, das in früheren Zeiten gepredigt wurde, und kritisieren, dass der Zorn und das Gericht Gottes heute nicht mehr im Vordergrund kirchlicher Verkündigung stehen, kann ich nicht nachvollziehen.

Die Nächsten lieben – das ist leicht, wenn ich die anderen mag und sie mich auch überhaupt nicht in irgendeiner Weise beeinträchtigen oder bedrohen. Und es ist schwer, Menschen positiv gegenüberzutreten, wenn sie anderer Meinung sind, einer anderen Partei angehören, Konkurrenten oder mir schlicht unsympathisch sind. Ich erinnere mich an eine Situation nach einem Gottesdienst, als ich an der Kirchentür stand, um die Besucherinnen und Besucher mit Handschlag zu verabschieden. In der Reihe sah ich an sechster oder siebter Stelle einen Journalisten, der kurz zuvor einen – wie ich fand – ziemlich üblen, ungerechten und diffamierenden Artikel über mich veröffentlicht hatte. Ich dachte, wenn der dir die Hand schütteln will, entgleiten dir die Gesichtszüge. Er kam, ich schüttelte ihm die Hand und dachte dabei energisch: „Auch du bist ein Geschöpf Gottes!" Es funktionierte. Ich konnte ihn als Mensch annehmen – trotz allem, was geschehen war – und ihm sogar ein kleines Lächeln schenken.

Eine im Nachhinein eher lustige Begebenheit, die zeigt, wie es im Kleinen gelingen kann, über den eigenen Schatten zu springen. An einem Beispiel wie diesem ist zu merken, dass Jesus mit seinen weiter oben zitierten Worten und seinem Handeln einen Kern trifft: Den anderen respektieren ist schwer, wenn wir uns grundsätzlich nicht einig und auch nicht nahe sind. „Den Nächsten lieben wie sich selbst" – diese Grundhaltung der Nächstenliebe einzuüben, verändert uns und hat das Potenzial, unsere Gesellschaft und die ganze Welt zu verändern.

Als Jesus gefragt wird, wer denn der Nächste sei, von dem er spricht, erzählt er das Gleichnis vom barmherzigen Samariter. Die Geschichte berichtet von einem, der unter die Räuber fiel, der geschlagen, verletzt und dann einfach liegen gelassen wird. Viele gehen achtlos vorbei und helfen ihm nicht, auch nicht diejenigen, die eigentlich zuständig wären. Doch dann kommt einer, der sich des Opfers erbarmt – ausgerechnet ein Samariter, einer, der in der Gesellschaft nicht gern gesehen ist. Er greift selbstlos ein und hilft. Eindrücklich wird in dieser Geschichte der Aspekt beleuchtet: Viele gehen vorbei, weil sie denken: „Was geht mich dieser Mensch an?" Auch der Samariter ist im Grunde genommen nicht zuständig für den Mann, der verletzt am Boden liegt. Aber er übernimmt Verantwortung, er packt an, er trägt Sorge für den anderen, ganz gleich, ob der seiner Meinung ist, die gleiche Nationalität oder Sprache hat. Das bleibt weltweit und durch die Zeiten ein eindrückliches Beispiel. Wenn heute die sogenannte Pegida-Bewegung meint, das christliche Abendland zu verteidigen, indem sie andere Menschen ausgrenzt und beschimpft, stellt sie genau diesen christlichen Grundwert der Nächstenliebe infrage.

In diesem Verantwortungsdreieck darf und soll ich mich auch selbst lieben. Denn ich weiß: Ich bin von Gott angenommen und geliebt, so, wie ich bin. Das ist eine ungeheure Zusage! Du bist etwas wert! Du darfst dich im Spiegel anschauen und egal, ob du alt oder jung, dick oder dünn, erfolgreich oder gerade gescheitert, reich oder arm bist: Du darfst, ja, du sollst dich lieben.

Das bringt auch eine Verantwortung mit sich: für sich selbst Sorge zu tragen. Und das ist dann keine Sorge, die zur Belastung wird, sondern im guten Sinne ein wirkliches Sorgen für sich selbst. Es ist wichtig, sich selbst immer wieder einige wesentliche Fragen zu stellen, zum Beispiel: Was brauche ich, um Kraft zu sammeln fürs Leben? Was tut mir gut?

Nein, das ist keine Egozentrik, sondern wird auch wiederum den „Nächsten" guttun, denen, mit denen ich unterwegs bin, die mich brauchen, für die ich wichtig sein könnte. „Liebe dich selbst", das ist eine gute Aufforderung, die ja nicht Egomanie meint, weil sie Teil der Dreiecksbeziehung ist, sondern Selbstachtung.

Körpergefühl

Lebenszufriedenheit hängt für sehr viele Menschen heute mit ihrem Aussehen zusammen. Und damit sind die meisten unzufrieden. Die Zahl der Essstörungen nimmt stetig zu in unserem Land und sie sind auch eine seelische Erkrankung. Das beginnt meist schon bei den ganz Jungen. Vor allem Mädchen leiden darunter, wenn sie nicht so aussehen wie die Models auf dem Laufsteg von Heidi Klum. Und sosehr auch versucht wird, mit guten Worten dagegenzuwirken, bleibt doch „schlank sein" ein entscheidendes Ziel. Wer im Wettlauf um ein gutes Aussehen nicht mithalten kann, wird geradezu missachtet. Am schlimmsten aber ist: Viele verlieren ihre Selbstachtung. Bulimie und Anorexie sind dabei die schwersten Krankheitssymptome. Letzten Endes betrifft das Thema aber inzwischen fast alle. Ich kenne das auch selbst, sich auf die Waage stellen, denken, du bist zu dick, du hast zugenommen, du musst dein Essverhalten besser kontrollieren.

Gewiss, wir sollen uns gesund ernähren! Und wenn 52,4 Prozent der Deutschen übergewichtig sind, wenn Adipositas, also extremes Übergewicht, zunimmt, ist das ein gesundheitliches Problem. Doch Dünnsein macht allein auch nicht glücklich, ebenso wenig diese ewige Kalorienzählerei. Es geht doch vor allem darum, das Leben zu genießen, sich einerseits nicht ununterbrochen zu kontrollieren und andererseits nicht völlig die Kontrolle und das Gefühl für unseren Körper zu verlieren. Wie aber vermitteln wir das? Die öffentlichen Bilder und Schönheitsideale müssen sich ändern! Die junge Frau, die im gelben Bikini neben einem dicken Hund für ein Diätpulver wirbt, ist inzwischen überall bekannt. Und sicher, sie sieht wunderbar aus mit ihrem makellosen Körper. Aber ein Garant für ein gutes Leben ist das alles nicht.

Ganz vielen hat die von Renée Zellweger wunderbar gespielte Rolle der Bridget Jones in dem Film „Schokolade zum Frühstück" gut gefallen. Sie ist über 30 Jahre alt, eine liebenswerte und lebenslustige Frau – aber Single und leicht übergewichtig. Das frustriert sie dann irgendwann derartig, dass sie am Neujahrstag beschließt, dass alles anders werden muss. Der Film handelt von ihren Versuchen, abzunehmen, das Rauchen aufzugeben und einen passenden Mann kennenzulernen. Natürlich ist dies alles andere als einfach, es klappt einfach nicht. Und dann reißen sich die Männer plötzlich dennoch geradezu um sie – gerade weil sie ist, wie sie ist! Eine wunderbare Sympathieträgerin.

Nach dem Film hat die Schauspielerin Renée Zellweger sich viele Kilos vom Leib gehungert und musste für die Fortsetzung des Films dann einen so genannten „Fatsuit" tragen, um künstlich Gewicht aufzutragen, das sie wieder so attraktiv erscheinen ließ wie beim ersten Teil. Das ist krank! Ich finde, der Vorgang zeigt eine orientierungslose Gesellschaft, in der es zum einen viel zu viel zu essen gibt und zum andern einige Menschen bewusst hungern, um irgendeinem Idealbild zu folgen. Wie können wir uns davon befreien? Und warum spielt das Äußere so viel mehr eine Rolle als die Seele? Warum mögen wir oft uns selbst so wenig und fragen uns schließlich: Wenn ich mich schon selber nicht mag, wer dann?

Mir ist sehr bewusst, dass es nicht auf jede Lebensfrage eine unmittelbare Antwort aus der Bibel gibt. Aber die Bibel spiegelt für mich die Weisheit unserer Väter und Mütter im Glauben – und immer wieder entdecke ich aufs Neue, was deren Erzählungen mit uns heute zu tun haben.

In der Schöpfungsgeschichte heißt es: *Gott schuf den Menschen zu seinem Bilde, zum Bilde Gottes schuf er ihn; und schuf sie als Mann und Frau* (1. Mose 1,27). Das bedeutet doch, dass jeder Mensch, ob Mann oder Frau, egal welcher Herkunft, Hautfarbe oder Statur, zumindest einen Schimmer des Ebenbildes Gottes in sich trägt. In uns allen, in jedem und jeder, ist ein Funke Gottes zu erkennen. Das hilft mir mit Blick auf mich selbst. Aber das macht mich auch offen für die Begegnung mit anderen. Ja, es gibt wirklich schöne Menschen, die begnadet sind mit makellosem Äußeren – beneidenswert ist das. Andere tun viel dafür, mit Sport und guter Ernährung den Körper zu formen. Aber viele Menschen müssen damit leben, dass sie nicht den Schönheits- und Erfolgsidealen entsprechen. Trotzdem haben alle eine eigene Würde als Gottes Geschöpfe und sind Teil der göttlichen Schönheit. Vielleicht kann uns dieser Gedanke etwas gnädiger mit uns selbst umgehen lassen, wenn wir unsere Speckröllchen am Bauch oder die Falten im Gesicht betrachten, wenn wir mit unserem Äußeren hadern, gern größer wären oder dünner, athletischer oder mit einem Sixpack ausgestattet …

Bei solchen Fragen geht es um die Erwartungen anderer, aber auch um meine eigenen. Ich kann aus meinem Körper schlicht nicht ausbrechen. Sicher, ich kann gut für ihn sorgen, mich gesund ernähren, Sport treiben. Aber ich muss mich annehmen lernen, so, wie ich bin. Wer in sich selbst ruht, strahlt das auch nach außen aus, das ist eine Binsenweisheit. Ich muss mich mit manchen Vorgaben des Lebens schlicht abfinden, Frieden damit schließen. Vielleicht hilft es manchen, sich das klarzumachen.

Verzweiflung am Leben

Eine Frau schreibt mir: *Ich habe niemanden, an den oder die ich glauben könnte. Auch nicht an mich, nicht mehr. Mein Leben erachte ich als ein Versagen nach dem anderen. Mir selber habe ich die Geborgenheit, die Familie versagt. Ein großer Teil in mir ließ mich das Gute, das Nährende, das Schöne immer wieder zerstören: kaum erreicht, konnte ich es nicht aushalten. Dadurch habe ich mir genommen, wozu ich eigentlich auf die Welt geschickt wurde.*

Ich leide. Lange schon. Versuche, mir zu vergeben, mich zu verstehen, neue Wege zu suchen – niemals aufzugeben, Gewissheit aufzubauen, täglich, stündlich. Dass für mich als Kämpferin für das Leben noch etwas vorgesehen ist, etwas, das mir die Möglichkeit bietet, wieder heil zu werden. …

Weshalb nur gelingt mir so vieles nicht? Inzwischen komme ich mir vor wie eine Maus in einem Labyrinth: die Nase bereits geschwollen vom immer wieder Anstoßen an die Wand, die sich plötzlich zeigte, nachdem ein gangbarer Weg in diese Richtung wies… Verbitterung, Neid, Eifersucht, Hadern. Damit bin ich konfrontiert.

Kälte, Einsamkeit und Disziplin bestimmen mein Leben. Kann das noch ein Leben sein? Ich bin frustriert, traurig, zermürbt und spüre das Schwinden meiner Kräfte – in dem Maß, wie ich den Sinn dieser „Prüfungen" nicht mehr erkennen kann.

Diese Frau hat einen sehr klaren Blick auf die Dinge und findet Worte, mit denen sie ihre Verzweiflung beschreiben kann. Es tut fast weh, wahrzunehmen, dass jemand so verzagt ist. Allzu schneller Rat wäre da falsch und gewiss nur billiger Trost. Gerade, wenn wir älter werden, werden uns die Grenzen dessen, was wir noch verändern könnten, ganz stark bewusst.

Ich möchte jedem Menschen, der in einer solchen Situation steckt, sagen: Es ist dein Leben. Nimm es an, auch da, wo es wehtut. Wir können nicht mehr ändern, was war. Es schmerzt manchmal, das anzusehen. Aber mir scheint, es ist wichtig, dass wir es tun. Denn das, was wir verdrängen, bedrängt unsere Seele. Wenn wir die schmerzhaften Punkte, Entscheidungen, Entwicklungen, Verstrickungen benennen, sie aussprechen, mit anderen besprechen, nehmen wir ihnen einen Teil ihrer Macht.

Als ich 2010 nach Berlin umgezogen bin, habe ich bei etlichen Joggingrunden um den Schlachtensee mit einer Freundin meinen Rücktritt als Landesbischöfin und Ratsvorsitzende betrachtet und auf diese Weise verarbeitet. Im Jahr darauf war es der Abschied meiner Joggingpartnerin von ihrer Mutter, der immer wieder Thema war. Dann starb meine Mutter und bei meiner Freundin gab es zeitgleich in deren Leben eine schmerzhafte Trennung – wir haben das alles während des Laufens miteinander geteilt und im Aussprechen bearbeitet. Ich habe den Eindruck, dass schmerzhafte Erinnerungen zumindest vernarben können, je weniger sie tabuisiert und verschwiegen werden. Am liebsten würden wir oftmals schweigen, weil die Themen unseres Lebens scham- oder angstbesetzt sind und wir einfach keine Worte dafür finden. Aber Schweigen lässt viele belastende Erlebnisse noch größer, noch bedrohlicher werden, als wenn wir sie aussprechen und mit anderen teilen.

Da hat eine junge Frau eine wiederkehrende Angst, an einem bestimmten Punkt ihres Lebens versagt zu haben. Wie ein schwerer Stein legt sich das auf ihre Seele. Und sie sagt mir in einem Moment der Nähe: „Das traue ich mich doch gar nicht zu erzählen! Jeder würde sagen, ich spinne, und manchmal glaube ich selbst, dass es so ist." Ich habe sie ermutigt, über ihre Fantasien des Versagens mit anderen zu sprechen, weil ich überzeugt bin, wir dürfen Schwäche zeigen, unsere Ängste teilen. Schweigen macht die Seele zerbrechlich. Wenn wir mehr Geduld miteinander hätten, auch eher wagen würden, über unsere Ängste, unsere Untiefen miteinander zu sprechen, ohne ständig einen Gesichtsverlust zu fürchten, würden wir vielleicht eher Frieden mit unserem Leben schließen.

Manchmal zeigen sich im Leben Punkte, bei denen wir erkennen: Da ist noch etwas zu bereinigen, indem es ausgesprochen wird. Eine Frau, deren Schwester ich beerdigt habe, sagte, sie sei so froh, mit der Schwester vor deren Tod noch manchen Zwist der Kindheit besprochen zu haben. Es waren keine großen Dramen, aber sie fühlte sich dadurch befreit, dass die Spannungen ausgesprochen waren und sie damit nicht allein zurückblieb. Wie merkwürdig: Zwei gestandene Frauen, beruflich erfolgreich, hadern mit Themen, die Jahrzehnte zwischen ihnen standen. Kleine Streitigkeiten aus der Kindheit, das Thema, von den Eltern bevorzugt worden zu sein oder auch die andere „ausgetrickst" zu haben – all das warf einen Schatten auf die Seele und damit auch auf die Beziehung der beiden. Es wäre so gut, wenn wir nicht erst bis zur Schwelle des Todes warten würden, um so etwas auszusprechen und damit zu bereinigen.

Es geht darum, sich mit dem eigenen Leben zu versöhnen – und, wo möglich, auch mit den Menschen, mit denen wir einmal im Streit auseinandergegangen sind. Die Mahnung des Apostels Paulus *Lasst die Sonne nicht über eurem Zorn untergehen* (Eph 4,26), sie gilt ja auch für unser Leben insgesamt. Es macht uns innerlich frei, wenn wir eigene Fehler, Streit, Verletzungen nicht unterdrücken und verbergen, sondern sie in Worte fassen, auch wenn es schwerfällt. Und es ist gut, wenn wir uns nicht in Vergangenes verbeißen, sondern es loslassen, es zurücklassen und damit künftig leichter und nach vorn gerichtet weiterleben.

Entscheidungen treffen

Zum Leben gehört immer wieder der Mut, Chancen zu ergreifen, wenn sie sich eröffnen, und nicht allzu lange abzuwägen und zu zögern. Ich bin manchmal gefragt worden, ob ich meine „Karriere" geplant hätte. Bei solchen Fragen muss ich lachen, als hätte ich mich irgendwann im Studium hingesetzt und gesagt: Ich will später Bischöfin oder gar Ratsvorsitzende werden. Mein Weg ergab sich eher spontan und mehr oder minder zufällig. Allenfalls habe ich an einigen Wegkreuzungen etwas nachgeholfen, indem ich gewagt habe, eine Chance zu ergreifen. Das war so, als mir das Stipendium für ein Jahr in den USA quasi in den Schoß fiel. Ähnlich verhielt es sich, als ich gefragt wurde, ob ich für den Zentralausschuss des Ökumenischen Rates der Kirchen kandidiere. Und auch mit Blick auf die Stelle als Generalsekretärin des Deutschen Evangelischen Kirchentages war es so.

1993 hatte ich gerade erst vor einem guten Jahr eine Stelle als Studienleiterin der Akademie Hofgeismar angetreten, als ich einen Anruf erhielt: Der Vorstand des Kirchentagspräsidiums würde mich gern zum Gespräch einladen; ein neuer Generalsekretär, eine neue Generalsekretärin werde gesucht. Eigentlich sprach alles dagegen. Wir konnten doch nicht schon wieder umziehen! Ich war gerade 35 Jahre alt geworden, hatte vier Kinder und das Leben in Hofgeismar hatte sich gut eingependelt. Und doch hat mich die Aufgabe ungeheuer gereizt und auch mein Mann fand das gut. Ernst Benda, Annemarie Schönherr und Erika Reihlen haben sich dann für mich als Generalsekretärin entschieden – was mit Blick auf die später folgende Diskussion im Präsidium mutig war. Als ich zur Vorstellung vor dem Präsidium nach Fulda kam, musste ich zunächst bei einer Tasse Kaffee zwei Stunden warten, denn das Präsidium kritisierte erst einmal das komplette Verfahren. Dann wurde ich zwei Stunden vom Gremium befragt, aber nicht nach meiner theologischen

Kompetenz, sondern mit dem Vorwurf: Ich sei zu jung und außerdem hätte ich vier Kinder. Wie solle das denn bitte schön funktionieren? Anschließend wurde ich wieder hinausgebeten. Nach einer weiteren Stunde Warten kam mein Vorgänger, der mich nochmals hereinbat, mit den Worten: „Es gab sieben Gegenstimmen, ich würde eine solche Berufung nicht annehmen."

Nach dieser Sitzung hatte ich den Eindruck, nicht wirklich erwünscht zu sein, und überlegte, die Berufung auf die Stelle abzulehnen. Die Kritik hatte mich verletzt. Ich nahm mir vor, am kommenden Montag anzurufen und zu sagen, dass ich nicht zur Verfügung stehe. Aber dann gab es am Sonntag im Radio einen Kommentar von Ralph Ludwig. Die Entscheidung des Kirchentagspräsidiums war zu ihm durchgesickert, er pries meine Fähigkeiten in den höchsten Tönen und sagte, meine Berufung sei genau richtig für die notwendige Erneuerung des Kirchentages. Diese Ermutigung hat mich völlig verblüfft, aber natürlich auch riesig gefreut. Und so blieb es bei der Entscheidung des Gremiums, sieben Gegenstimmen hin oder her.

Wie sehr dies mein weiteres Leben beeinflussen würde, konnte ich damals nicht absehen. Ich erinnere mich, dass ich am ersten Arbeitstag in einem von meinem Vorgänger leer geräumten Büro saß und dachte: Hoffentlich sind diese Schuhe nicht eine Nummer zu groß für dich! War es richtig, diesem Ruf zu folgen? Wäre es in Hofgeismar nicht besser und ruhiger für die Kinder gewesen? Im Rückblick kann ich sagen, es war gut, wie es kam. Doch das Entscheiden war nicht leicht, zumal es nicht nur meine eigene Lebenssituation betraf, sondern auch die meiner Familie.

Wenn wir unter Entscheidungsdruck stehen, ist immer auch ein Wagnis dabei – wir könnten einen Weg einschlagen, den wir später bereuen. Wer aber aus lauter Angst davor jede

Entscheidung vermeidet, engt sich selbst massiv ein. Es ist auch möglich, damit zu leben, dass es vielleicht anders besser gewesen wäre. Ich bin heute dankbar, dass ich damals den Mut hatte, die Berufung anzunehmen, auch wenn es ein wahrhaftig nicht leichter Weg war. Und ich bin denen dankbar, die mich immer wieder in unterschiedlichen Phasen meines Lebens ermutigt haben. Dass es Menschen gab, die mir quasi einen Schubs gegeben haben: Ja, los, nur Mut, wag es, das wird schon. Mich hat das gelehrt, heute andere genauso zu ermutigen.

Manchmal bewahrt uns auch ein ungutes Gefühl vor falschen Entscheidungen: Ein guter Freund stand vor der Frage, ob er mit seiner neuen Partnerin zusammenzieht. Alles wirkte rein äußerlich eigentlich ideal und stimmig, aber er spürte in seinem Inneren, dass ihn irgendetwas bei diesem Gedanken störte. Er hat darauf gehört und ist heute froh darüber. Aber die Beziehung ist daran zerbrochen. Oder: Ein Paar steckt schon in einer gewissen Beziehungskrise. Dennoch verständigen sie sich darauf, ein Haus zu kaufen, vielleicht, weil sie hoffen, durch einen gemeinsamen Neuanfang an einem anderen, schönen Ort die Beziehung zu stabilisieren. Die Begeisterung über das gemeinsame Projekt übertönt vielleicht eine gewisse Zeit die Krise. Der Mann sagt später, dass ihm in dem Moment, als er die Unterschrift unter den Kaufvertrag setzte, schon klar war, dass das ein Fehler war. Aber er konnte nicht zurück. Es stellte sich leider heraus, dass es in der Tat ein Fehler war, und zwar ein großer … Geschichten, die tatsächlich jeden Tag irgendwo passieren.

Was können wir besser machen? Eines steht fest: Wir müssen versuchen, uns mit unserer Vergangenheit auszusöhnen, nur so können wir unsere Lebenshaltung hier und jetzt nachhaltig positiv beeinflussen und damit die Jahre, die uns bleiben. Und manchmal müssen wir schlicht Entscheidungen treffen, ohne ein Wenn und Aber abwägen zu können. Dazu passt das Bibelwort, das Jesus sagt, als Menschen immer wieder Ausreden finden, warum sie ihm jetzt nicht nachfolgen können: *Wer seine Hand an den Pflug legt und sieht zurück, der ist nicht geschickt für das Reich Gottes.* (Lk 9,62)

Neuanfang

Auch in der Bibel werden immer wieder Geschichten von Menschen erzählt, die sich ändern und ganz neu anfangen. Mose etwa ist erst ein Mörder, dann wird er zum Anführer seines Volkes und versucht, Gottes Weisung zu übermitteln. Saulus, der Christen verfolgt hat, wird unter seinem neuen Namen Paulus zu demjenigen, der den christlichen Glauben in alle Welt trägt. Und auch Petrus, der Jesus sofort nach der Verhaftung verleugnet, wird später zu einem großen Verkünder des Glaubens. Drei biblische Beispiele von Menschen, die eigentlich gescheitert und vom richtigen Weg abgekommen sind, aber durch Gottes Ermutigung, durch die Aufgabe, die Gott ihnen zutraut, zu entscheidenden Personen für die Verbreitung des christlichen Glaubens werden. Das hat mich oft ermutigt, wenn ich selbst am Zögern und Zweifeln war: Menschen können, ja, dürfen sich ändern, das wird uns von Gott zugetraut! Die biblischen Geschichten zeigen, dass ganze Städte wie Ninive auf den Weg der Gerechtigkeit zurückkehren können, weil ihnen Jona als Prophet Gottes Botschaft nahebringt.

Es gibt in der Bibel aber auch Erzählungen, in denen Menschen keinen Neuanfang finden, sondern den eingeschlagenen Weg zu Ende gehen und die Konsequenzen ihres Handelns ertragen müssen. Im ersten Buch Samuel (28,3–25) findet sich eine solche Geschichte:

Samuel aber war gestorben und ganz Israel hatte ihm die Totenklage gehalten und ihn begraben in seiner Stadt Rama. Und Saul hatte die Geisterbeschwörer und Zeichendeuter aus dem Lande vertrieben.

Als nun die Philister sich versammelten und herankamen und sich lagerten bei Schunem, versammelte Saul auch ganz Israel und sie lagerten sich auf dem Gebirge Gilboa.

Als aber Saul das Heer der Philister sah, fürchtete er sich, und sein Herz verzagte sehr. Und er befragte den Herrn; aber der Herr antwortete ihm nicht, weder durch Träume noch durch das Los „Licht" noch durch Propheten.

Da sprach Saul zu seinen Getreuen: Sucht mir eine Frau, die Tote beschwören kann, dass ich zu ihr gehe und sie befrage.

Seine Männer sprachen zu ihm: Siehe, in En-Dor ist eine Frau, die kann Tote beschwören.

Und Saul machte sich unkenntlich und zog andere Kleider an und ging hin und zwei Männer mit ihm und sie kamen bei Nacht zu der Frau. Und Saul sprach: Wahrsage mir, weil du Geister beschwören kannst, und hole mir herauf, wen ich dir nenne.

Die Frau sprach zu ihm: Siehe, du weißt doch selbst, was Saul getan hat, wie er die Geisterbeschwörer und Zeichendeuter ausgerottet hat im Lande; warum willst du mir denn eine Falle stellen, dass ich getötet werde?

Saul aber schwor ihr bei dem Herrn und sprach: So wahr der Herr lebt: Es soll dich in dieser Sache keine Schuld treffen.

Da sprach die Frau: Wen soll ich dir denn heraufholen? Er sprach: Hol mir Samuel herauf!

Als nun die Frau merkte, dass es um Samuel ging, schrie sie laut und sprach zu Saul: Warum hast du mich betrogen? Du bist Saul.

Und der König sprach zu ihr: Fürchte dich nicht! Was siehst du?

Die Frau sprach zu Saul: Ich sehe einen Geist heraufsteigen aus der Erde.

Er sprach: Wie ist er gestaltet?

Sie sprach: Es kommt ein alter Mann herauf und ist bekleidet mit einem Priesterrock.

Da erkannte Saul, dass es Samuel war, und neigte sich mit seinem Antlitz zur Erde und fiel nieder.

Samuel aber sprach zu Saul: Warum hast du meine Ruhe gestört, dass du mich heraufsteigen lässt?

Saul sprach: Ich bin in großer Bedrängnis, die Philister kämpfen gegen mich, und Gott ist von mir gewichen und antwortet mir nicht, weder durch Propheten noch durch Träume; darum hab ich dich rufen lassen, dass du mir kundtust, was ich tun soll. Samuel sprach: Warum willst du mich befragen, da doch der Herr von dir gewichen und dein Feind geworden ist? Der Herr hat dir getan, wie er durch mich geredet hat, und hat das Königtum aus deiner Hand gerissen und David, deinem Nächsten, gegeben. Weil du der Stimme des Herrn nicht gehorcht und seinen grimmigen Zorn nicht an Amalek vollstreckt hast, darum hat der Herr dir das jetzt getan. Dazu wird der Herr mit dir auch Israel in die Hände der Philister geben. Morgen wirst du mit deinen Söhnen bei mir sein. Auch wird der Herr das Heer Israels in die Hände der Philister geben.

Da stürzte Saul zur Erde, so lang er war, und geriet in große Furcht über die Worte Samuels. Auch war keine Kraft mehr in ihm; denn er hatte nichts gegessen den ganzen Tag und die ganze Nacht.

Und die Frau trat zu Saul und sah, dass er sehr erschrocken war, und sprach zu ihm: Siehe, deine Magd hat deiner Stimme gehorcht, und ich habe mein Leben aufs Spiel gesetzt, als ich die Worte hörte, die du zu mir gesagt hast. So gehorche du nun auch der Stimme deiner Magd! Ich will dir einen Bissen

Brot vorsetzen, dass du isst und zu Kräften kommst und deine Straße gehen kannst.

Er aber weigerte sich und sprach: Ich will nicht essen. Da nötigten ihn seine Männer und die Frau, bis er auf sie hörte. Und er stand auf von der Erde und setzte sich aufs Bett.

Die Frau aber hatte im Haus ein gemästetes Kalb; das schlachtete sie eilends und nahm Mehl und knetete es und backte ungesäuertes Brot und setzte es Saul und seinen Männern vor. Und als sie gegessen hatten, standen sie auf und gingen fort noch in der Nacht.

Eine merkwürdige Geschichte! In einigen Bibelausgaben ist sie mit „Die Hexe von Endor" überschrieben. Unheimlich ist die Frau wohl vielen, wobei wir doch längst wissen, dass Frauen, die als Hexen diffamiert wurden, meist über ein besonderes Wissen verfügten, also weise Frauen waren.

In allerhöchster Not sucht also der große und stolze König Saul ausgerechnet bei dieser Frau Rat, einer, die er selbst verbannt hat, weil er alle Religion, alle Weisheit, die ihm nicht passte, schlicht verboten hatte. Aber in dem Moment, in dem er überhaupt nicht mehr weiterwusste, da erinnerte er sich sehr wohl, wo er suchen könnte, um einen Ausweg aus seiner Not zu finden.

Manchmal denke ich, das geht Menschen auch heute so. Sie verachten den christlichen Glauben und auch die Kirche als Institution. Oder wenn sie das nicht aktiv tun, dann praktizieren sie zumindest kein Glaubensleben und interessieren sich nicht besonders für Gottesdienste oder Rituale. Der Leiter eines Museums hat mir das einmal ein wenig süffisant unter die Nase gerieben: „Wenn Sie am Sonntag um 10 Ihre Schäfchen suchen, Frau Käßmann, kommen Sie mal bei mir vorbei, dann finden Sie sie." Ich habe geantwortet: „Aber wenn 09/11 geschieht oder ein Massaker in Erfurt oder in Paris oder in Brüssel, dann kommen die Menschen nicht ins Museum, um Trost und Orientierung zu suchen, sondern wissen sehr wohl, dass sie das am ehesten in der Kirche finden!"

In unserem Land sind nicht „noch", sondern sehr wohl zwei Drittel der Bevölkerung Mitglied einer christlichen Kirche. Und auch wenn sie ihren Glauben nicht ständig und intensiv praktizieren und ihre Zugehörigkeit nicht aktiv leben, wissen sie, wo sie in Zeiten der Not Zuspruch und Hilfe finden, wo es Quellen gibt für tragende Rituale und Worte, die größer sind als die bloßen Betroffenheitsbotschaften unserer Tage.

Wie Saul in der Geschichte genau weiß, wo er einen Rat, eine Quelle, Weisheit in größter Not finden kann, so wissen das auch die Menschen von heute, selbst wenn sie sich von Kirche und christlichem Glauben distanziert haben. Und wenn Saul den toten Samuel heraufbeschwört, ist das für mich weniger Geisterglaube als die Suche nach Orientierung an Menschen, die vor uns gelebt haben. Nein, Heiligenverehrung meine ich nicht. Nach Martin Luther sind Heilige ohnehin diejenigen, die wissen, dass sie ganz und gar auf Gottes Gnade angewiesen sind. Aber oft macht uns doch Mut, was ein Helmuth James Graf von Moltke, eine Elisabeth Schmitz, eine Bertha von Suttner oder ein Nelson Mandela gelebt und gesagt haben – durchaus im Widerstand zum Zeitgeist ihrer Tage. Also: Es geht darum, die Quellen zu kennen, aus denen ich schöpfen kann, wenn ich nicht weiterweiß. Und die Kirche, der Glaube, die Rituale und auch Vorbilder sind solche Quellen. Wir sollten sie nicht verachten!

Zum anderen begreift Saul in dieser Geschichte, dass es für ihn keinen Ausweg gibt. Er kann nicht vor seiner Vergangenheit davonlaufen, der Situation entkommen, in die er selbst sich gebracht hat. Niemand kann ihn daraus retten. Stattdessen muss er sich der Tatsache stellen, dass sein Leben zu Ende geht. Eine solche Erkenntnis ist bitter und hart. Und so ist es kein Wunder, dass Saul zusammenbricht. Er ist schockiert. Die Selbsterkenntnis, die ihm der Prophet in der Vision aufdrängt, macht ihm klar, dass es keinen Ausweg gibt. Er kann sich nicht verstecken, sondern muss sich der Realität stellen.

Es muss nicht gleich ein Prophet sein, der uns zu solcher Klarheit verhilft – wir müssen schlicht die Augen und Ohren offen halten und bereit sein, guten Rat auch anzunehmen.

Anrührend ist für mich, dass in der Geschichte die Frau, deren Rat Saul gesucht hat, sehr pragmatisch ist. Sie begreift die Lage und ahnt, wie verzweifelt er sein muss. Aber sie will ihn erst einmal mit Essen und Trinken für den nächsten Schritt stärken. Denn er wird Kraft brauchen, um seinen Weg zu Ende zu gehen. Saul wehrt sich zunächst, aber so viel Zeit muss sein. Nach dieser Wegzehrung bricht er auf und es sieht so aus, als habe er jetzt nicht nur die Energie, sondern auch den Mut, ja, die Klarheit und Zuversicht, um diesen Weg zu gehen.

Das scheint mir am wichtigsten: Schau genau hin und weich nicht aus.

Manchmal versuchen andere, uns zu beschwichtigen: „Das wird schon wieder." In vielen Fällen geht es aber darum, Menschen zu helfen, sich der Realität zu stellen – die sie oft schon längst erahnt, vielleicht gar erkannt haben. Dann braucht es guten Rat, der auch heißen kann: „Sieh der Tatsache ins Auge, das wird nicht einfach so wieder." Oder: „Du kannst es schlicht nicht ändern. Nimm es an, wie es ist, auch wenn es dir schwerfällt."

Mir hat solcher Realismus oft gutgetan. Es ist wichtig, Freundinnen und Freunde zur Seite zu haben, die dir sozusagen „Speis und Trank" mit auf den Weg geben. Sie können auch Mut machen, schwierigen Situationen nicht auszuweichen, sondern den notwendigen Weg zu gehen.

Es wird keinen Märchenprinzen geben, der dich rettet, keine Hexe, die dich aus deiner Lage herauszaubert, und meist auch sonst kein plötzliches Wunder, das alles verändert, so, wie du es dir erhofft hast. Es geht darum, anzunehmen, was ist, und zu gestalten, was du (noch) selbst umsetzen kannst.

Sehnsucht nach Veränderung

Ausbrechen wollen viele nicht nur aus einer ausweglosen Situation, sondern auch aus dem Hamsterrad des Erfolgsdrucks. Vor allem Männer, so denke ich, haben dieses Gefühl, im Beruf unbedingt gut sein zu müssen – das soll sich auch im Einkommen spiegeln. Durchsetzungsfähig sein, etwas leisten, gut dastehen im Leben, das ist dann wichtig. Aber es kann der Punkt kommen, da fragst du dich: Wozu? Und du stellst fest: Ich mag nicht mehr jeden Tag im Betrieb erscheinen, ich will mich nicht länger permanent durchsetzen müssen. Am Ende weiß ich gar nicht mehr für welches Ziel. Andere fragen sich: Ist es das wert? Warum mache ich das? Um beim Vergleichstest die Karten auf den Tisch legen zu können: Mein Job, meine Karriere, meine Frau, mein Haus, mein Auto … Wie komme ich aus derartigen Zwängen raus?

Bei Frauen ist es meist mehr der Balanceakt perfekte Mutter zu sein, dennoch weiterhin den Beruf auszuüben, als charmante Gastgeberin zu glänzen und auch noch liebvolle Ehefrau zu sein … – Irgendwann kommt dann die Dauererschöpfung, neudeutsch „Burnout" genannt, weil kein Mensch das alles gleichzeitig leisten kann.

Was macht unser Leben aus?

Viele haben Angst, ihren Status zu verlieren, denke ich. Das Haus verkaufen zu müssen, weil die Finanzierung nicht mehr gewährleistet ist – ein grauenvoller Gedanke! Du bist in Frührente gegangen – das klingt ja wie die Endstation – du hast das Gefühl, bereits Richtung Friedhof unterwegs zu sein!

Wie, du bist nicht mehr berufstätig wegen der Kinder – etwa *nur* Hausfrau? Du hast dein Studium aufgegeben – das ist ja irgendwie peinlich. Arbeitslos geworden – na, das muss ja irgendwie an dir liegen. Wer arbeiten will, findet schon einen Job!

Für mich ist einer der wichtigsten Aspekte am christlichen Glauben, dass der Schöpfungsgedanke Freiheit mit sich bringt. Ein Frei-Sein von all den Erwartungen, all dem Leistungs- und Erfolgsdruck. Denn das ist wohl *die* entscheidende Erkenntnis, die im Grunde alle christlichen Konfessionen teilen: Nichts, was du tust oder leistest oder eben auch nicht schaffst, macht dich aus! Lebenssinn ist dir schon längst zugesagt. Weil du ein Geschöpf Gottes bist, macht dein Leben Sinn. Du bist eine angesehene Person, nicht, weil du auf einer Party viel beachtet wirst oder gut platziert beim Empfang dabei bist, sondern, weil Gott dich ansieht.

Ja, es gibt all das: Belastung, Leistungsdruck, die sogenannte „Rushhour des Lebens", die von beruflichen Herausforderungen und elterlicher Überbelastung geprägt ist. All das kann dazu führen, dass ich ausbrechen will aus meinem Leben, dass ich bedaure, was ich alles nicht getan habe. Das kann in Depressionen enden. Fakt aber ist, dass es schlicht nichts bringt, ewig dem Nicht-Getanen nachzutrauern. Oder auch dem Gestern, nach dem Motto: Es war so schön und jetzt ist es vorbei …

Nach meiner Erfahrung macht das Ausbrechen oftmals auch nicht glücklicher als das Bleiben. Da hat ein Paar alles aufgegeben, ist in einen alten Bauernhof gezogen, ab sofort soll nur noch ökologische Landwirtschaft das Leben prägen. Aber die Kinder wollen wieder in die Stadt, die Paarbeziehung wird durch die viele Arbeit auf dem Hof auch nicht besser, und die finanziellen Probleme führen am Ende in eine Insolvenz, die dann auch die Ehe nicht übersteht. Andere versuchen, mit einer neuen Ehe, neuen Kindern das Alte zu überwinden – aber wir bleiben auch wir selbst und nehmen uns mit in unsere neuen Beziehungen. Manche glauben, in fernen Ländern das große Glück zu finden, aber auch sie müssen erfahren, dass sie in der Fremde, im vermeintlich Neuen stets die Alten bleiben …

Wir sollten eine Balance finden bei unserer Suche nach Glück und einem erfüllten Leben. Einerseits geht es um den Mut, Aufbrüche zu wagen: das Gewohnte zu verlassen, die Arbeitsstelle zu wechseln, sich aus Zwängen zu lösen. Ja, vielleicht auch eine Beziehung, die uns seit Jahren nicht mehr erfüllt oder herunterzieht, zu beenden. Es geht durchaus darum, eher dem eigenen Gefühl zu folgen als den Zwängen unserer Gesellschaft. Oder wie es in der Bibel heißt: „Folge dem, was dein Herz dir rät, denn du wirst keinen treueren Ratgeber finden." Das ist auch die Freiheit unseres Lebens, uns nicht festzurren zu lassen.

Andererseits geht es um den Mut, das Gute zu sehen, das wir haben, und in Verantwortung zu leben. Oft fehlt es an Dankbarkeit, denke ich. Manches Mal, wenn ich einem Paar zur goldenen oder diamantenen Hochzeit gratuliert habe, hat mich sehr angerührt, wie dieses Paar erzählt hat, dass es nicht leicht war, miteinander durchzuhalten, aber dass es sich letztlich gelohnt hat.

Diese Balance zwischen Mut zum Neuanfang und Verantwortung zur Kontinuität muss wohl jeder Mensch im eigenen Leben durchbuchstabieren. Ja, es gibt Enttäuschungen und ja, es gibt Sackgassen. Wir sollten sie als Teil unseres Lebens annehmen. Wenn es nicht mehr weiterzugehen scheint, wenn wir uns festgefahren haben, dann müssen wir eben nochmals neu aufbrechen und einen anderen Weg suchen. Es wird ihn geben. Da bin ich mir sicher. Wenn sich eine Tür schließt, öffnet sich meist eine neue. Das ist meine Erfahrung. Und auch der Tod ist keine Sackgasse, sondern für Christinnen und Christen eine Station auf dem Weg hin zu Gott.

Mut zur Gegenwart

Glück hängt am Ende nicht mit Geld, Erfolg oder Ansehen zusammen. Sondern tatsächlich mit den „kleinen Dingen", von denen Joe Cocker so eindrücklich sang: „The best things in life are the simple things." Ich denke an die Beziehungen, in denen ich Vertrauen spüre. Einen wunderbaren Tag. Einen gemeinsamen Abend beim Essen mit Lachen und lebendigen Diskussionen. Oder das gute Gefühl, ein Kind im Arm zu halten. Über tragische Ereignisse weinen zu können und Freude über die Schönheit in der Musik oder der Kunst zu empfinden. Wer das große Glück nicht irgendwo in weiter Ferne sucht, sondern dankbar bleibt für das kleine Glück, wird am Ende ein großes und gesegnetes Leben führen.

Dazu gehört auch, die Herausforderungen, die das Leben mit sich bringt, anzunehmen. Bei einem kleinen Dachterrassenfest erzählte mir eine Frau Ende 30, am nächsten Morgen würde ihr Ehemann nach sechs Monaten im Krankenhaus entlassen. Durch einen schweren Motorradunfall ist er querschnittsgelähmt. Er wird erst einmal bei Freunden wohnen, weil er nicht mehr in den dritten Stock zur alten gemeinsamen Wohnung gelangen kann. In sechs Monaten hätten sie dann eine Wohnung, die er mit dem Rollstuhl erreicht, Küche und Bad werden zudem „behindertengerecht" umgebaut. Die Frau ist sich unsicher, wie alles werden wird, und sie sagt zu mir: „Ich habe so eine beschissene Angst vor der kommenden Zeit!" Dennoch ist sie zuversichtlich: „Aber ich weiß, dass wir das schaffen werden!"

Ich habe sie bewundert. Denn es ist klar, das wird schwer werden. Aber wenn sie und ihr Mann die Herausforderung so offen angehen, als Paar nun so ganz anders, mit den körperlichen Einschränkungen, zusammenzuleben, werden sie es auch schaffen können, davon bin ich überzeugt. Die Frau hat den ganzen Abend nicht einmal gefragt: „Warum musste uns das passieren?" Sie hat nur darüber nachgedacht, wie sie und ihr Mann bewältigen können, was ansteht. Das hat mir als Lebenshaltung imponiert. Denn es nützt ja nichts, sich ständig zu überlegen, wie das, was uns belastet, hätte vermieden werden können. Oft braucht es schlicht den Mut, jetzt und ganz in der Gegenwart zu leben. Es nützt nichts, Vergangenem nachzutrauern, nach dem Motto: Hätte ich doch bloß! Und es nützt auch nichts, nur in der Zukunft Gutes zu erwarten, nach dem Motto: Wenn ich erst meinen Traumpartner gefunden oder mein Karriereziel erreicht habe, dann … Auch wenn es manchmal schwer ist, wird das Leben doch immer im „Jetzt" gelebt.

* * *

Da dieses Kapitel mit einem Kinderbuch beginnt, möchte ich auch mit einem Kinderbuch enden. In „Oh, wie schön ist Panama" beschreibt Horst Eckel alias Janosch, wie der kleine Tiger und der kleine Bär aufbrechen, weil sie, durch eine Bananenkiste angeregt, auf einmal meinen, Panama sei das Land ihrer Träume. Als ich das Buch meiner Enkeltochter vorgelesen habe, so wie ich es dreißig Jahre zuvor schon meinen eigenen Kindern vorgelesen hatte, merkte ich, dass es mich als Großmutter noch mehr anrührt als damals als Mutter.

Tiger und Bär wandern durch die Welt und begegnen vielen. Am Ende kommen sie zurück zu ihrem alten Haus. Sie erkennen es nicht mehr, alles ist verwildert und zugewachsen. Aber jetzt sind sie ganz zufrieden mit ihrem kleinen Glück, denn es heißt ja Panama – es ist das Land ihrer Träume. Am Ende heißt es: „Du meinst, dann hätten sie doch gleich zu Hause bleiben können? Du meinst, dann hätten sie sich den weiten Weg gespart? O nein, denn sie hätten den Fuchs nicht getroffen und die Krähe nicht. Und sie hätten den Hasen und den Igel nicht getroffen und sie hätten nie erfahren, wie gemütlich so ein schönes, weiches Sofa aus Plüsch ist."[5]

5   Janosch, Oh, wie schön ist Panama, ZEIT-Edition 2013, S. 48.

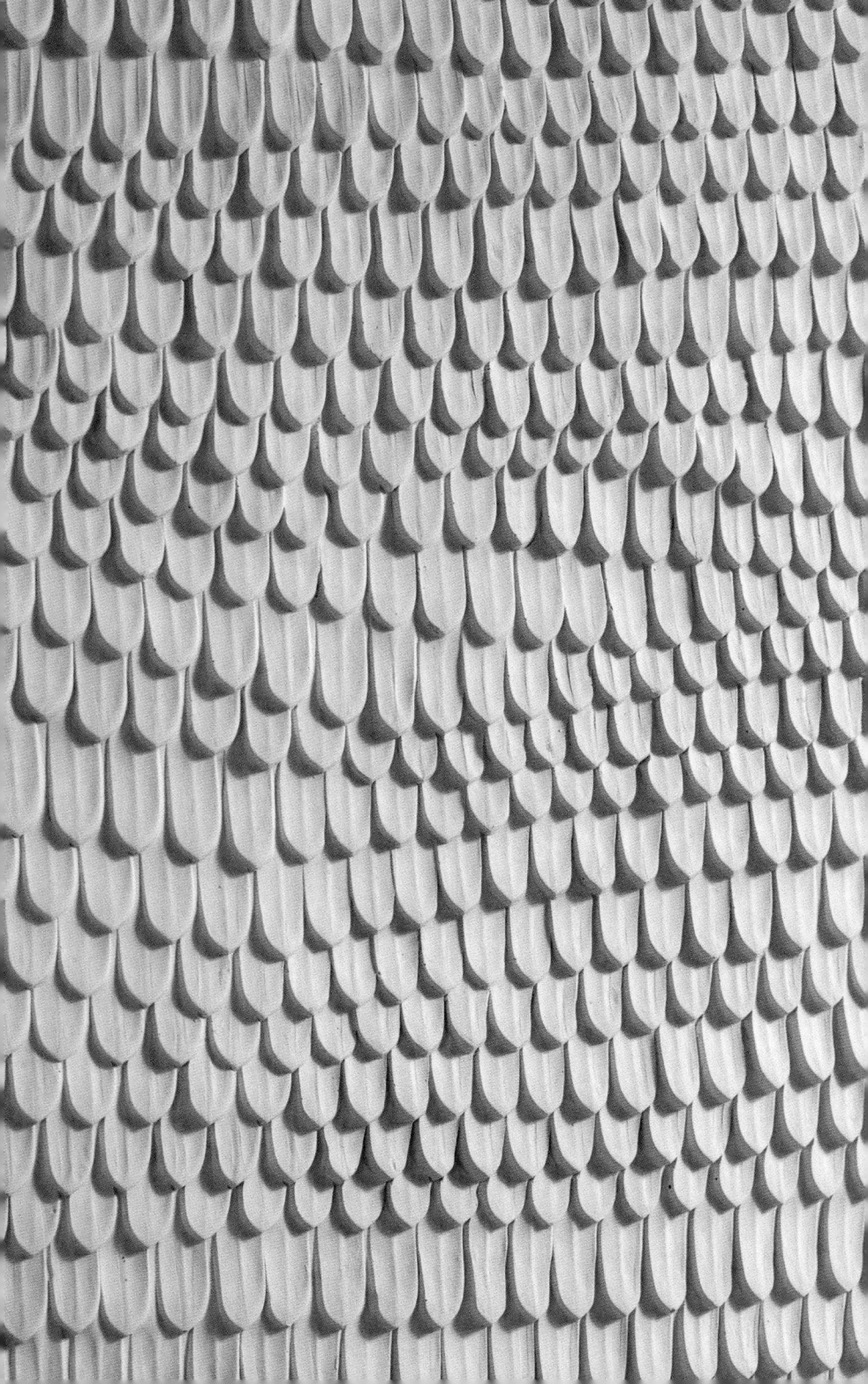

2

Warum muss das ausgerechnet mir passieren?

Von Krankheit, Scheitern, Ungerechtigkeit und Neuanfängen

Im Februar 2016 ist Roger Willemsen an Krebs gestorben. Erst im August 2015, kurz nach seinem 60. Geburtstag, erhielt er die Diagnose, noch vor seinem 61. Geburtstag verstarb er. Viele Menschen zeigten Betroffenheit, er hatte so gesund gewirkt.

Eine Krebsdiagnose kommt meist aus heiterem Himmel. Sie wirft sofort deine ganze Lebensplanung um! Du musst alles, was du dir vorgenommen hast, infrage stellen, nicht nur Termine absagen, sondern dich plötzlich den Bedingungen der Krankheit unterordnen. Denn Operation, Bestrahlung, Chemotherapie werden dein Leben in den nächsten Monaten dominieren. Ich weiß das aus eigener Erfahrung. Und sollte der Krebs nicht heilbar sein, musst du der Tatsache ins Auge schauen, dass dir nicht mehr viel Lebenszeit bleibt.

Eine ernsthafte Erkrankung ist ein massiver Einschnitt im Leben. Menschen hadern mit der Frage: Warum ich? Sie spüren Verzweiflung, ja, Wut. „Ich habe doch nicht gesundheitsschädlich gelebt, andere ernähren sich viel schlechter und sind gesund. Ich hatte noch so viel vor, gerade jetzt war mein Leben so gut …" Eine Litanei des Haderns spielt sich dann ab.

Seltener stellt sich die Frage: „Warum ich eigentlich nicht?" – „Wenn so viele Frauen an Brustkrebs erkranken, warum sollte ich nicht dazugehören?" – „Wenn multiple Sklerose so oft diagnostiziert wird, warum bin ich nicht bewusst dankbar, dass dieser Kelch an mir vorübergeht?"

Es ist wohl schlicht menschlich, dass wir uns solche Fragen sehr selten stellen. Stattdessen sind wir empört, entsetzt, verzagt, wenn wir erleben müssen, dass sich unser Leben radikal verändert, ohne dass wir darauf Einfluss haben. Da gibt es einen furchtbaren Unfall – und er wird nie mehr für sich selbst sorgen können. Die Firma ist insolvent – sie verliert ihren langjährigen Arbeitsplatz mit 56, obwohl sie immer eine so engagierte Mitarbeiterin war. Er hat alles getan für Frau und Kinder – sie verlässt ihn, weil sie meint, er bremst sie im Leben zu stark aus.

Hiobserfahrungen

Das biblische Buch Hiob beschreibt eine solche Lebenserfahrung. Über Hiob heißt es im ersten Kapitel des Buches:

Es war ein Mann im Lande Uz, der hieß Hiob. Der war fromm und rechtschaffen, gottesfürchtig und mied das Böse. Und er zeugte sieben Söhne und drei Töchter, und er besaß siebentausend Schafe, dreitausend Kamele, fünfhundert Joch Rinder und fünfhundert Eselinnen und sehr viel Gesinde, und er war reicher als alle, die im Osten wohnten. Und seine Söhne gingen hin und machten ein Festmahl, ein jeder in seinem Hause an seinem Tag, und sie sandten hin und luden ihre drei Schwestern ein, mit ihnen zu essen und zu trinken. Und wenn die Tage des Mahles um waren, sandte Hiob hin und heiligte sie und machte sich früh am Morgen auf und opferte Brandopfer nach ihrer aller Zahl; denn Hiob dachte: Meine Söhne könnten gesündigt und Gott abgesagt haben in ihrem Herzen. So tat Hiob allezeit. (1,1–5)

Hier ist also ein Mann, der im Leben wahrhaftig gesegnet ist – mit Kindern und Reichtum. Dazu ist er noch besonders fromm und gottesfürchtig, er vollzieht alle Rituale seiner Religion. An ihm ist wahrhaftig nichts auszusetzen. Ein geradezu perfektes Leben führt er.

Aber dann verliert er aus heiterem Himmel alles: den Besitz, die Kinder, seine Gesundheit, sein ganzes Lebensglück. Und er fragt sich, ja, seine Freunde fragen ihn: Wer ist schuld? Irgendjemand, ich selbst oder andere müssen doch verantwortlich sein für mein Leid! Oder ist Gott daran schuld? Am Ende muss Hiob begreifen, dass es keinen Zusammenhang zwischen seinem Handeln und den Leiderfahrungen gibt. Gewiss, manchmal hat einer Schuld: der Autofahrer, der unaufmerksam war und einen Unfall verursacht hat, die Jugendlichen, die Grenzen überschritten haben, der Chef, der die Firma verspekuliert hat – oder ich selbst, die ich die eigene Verantwortung für meine Lage akzeptieren muss. Aber es gibt auch Lebenssituationen, die uns geradezu aus der Bahn werfen, für die niemand direkt verantwortlich zu machen ist. Solche Hiobsgeschichten erleben viele Menschen auch heute ganz konkret, ganz real. Eine Frau schrieb mir:

Vor vier Jahren habe ich meinen ersten schweren Hörsturz erlitten. Von diesem habe ich mich nur sehr langsam erholt und bin in tiefe Depressionen verfallen. Meine Tochter – die ich alleine großgezogen habe – verstand die Welt nicht mehr. Meine Familie fand keinen Zugang zu mir und meiner Lebenssituation, weil sie nicht verstehen konnte, dass ich am Ende meiner Kräfte war. Hier wollte ich zum ersten Mal mein Leben ändern und habe es nicht geschafft.

Die ersten 12 Jahre ihres Lebens war meine Tochter sehr krank. Ich musste sie pflegen und bin trotzdem arbeiten gegangen, weil ich sie immer wieder gut betreuen lassen konnte. Später hat sie studiert. Alles, was ich geben konnte, finanziell, körperlich und geistig, habe ich ihr gegeben.

Dann erkrankte ich an Brustkrebs. Ich hatte mit Depressionen zu kämpfen und erlitt einen weiteren Hörsturz. Der wiederholte Ausfall im Berufsleben passte meinem Arbeitgeber natürlich nicht. Er suchte nach Fehlern und fand sie. Ich hatte das Gefühl, jetzt 300%ig arbeiten zu müssen. Als ich die Situation nicht mehr aushalten konnte, habe ich gekündigt.

Seitdem geht es mir gesundheitlich und mental gut. Jetzt muss ich aber feststellen, dass der Arbeitsmarkt uns Alten (ich bin 51) nicht die Chancen gibt, die medienmäßig überall angepriesen werden. Man sollte 25 Jahre Berufserfahrung und die Familienplanung abgeschlossen haben, voll leistungsfähig und vor allem billig zu haben sein. Das geht nicht. In meinen langen Jahren des Berufslebens habe ich mir viel angeeignet. Das will ich auch gern weitergeben. Aber nicht zu Dumpingpreisen.

Die finanziellen Mittel sind bald aufgebraucht. Ich muss aber noch 15 Jahre arbeiten, damit ich eine Rente erhalte. Die beruflichen Aussichten sehen sehr düster aus. Ich bin ungeduldig hinsichtlich meiner Bewerbungen. Geduld ist nicht meine Stärke…

Was kann ich dieser Frau raten? Schönreden lässt sich ihre Lage nicht. Altersarmut ist gerade bei Frauen in Deutschland weit verbreitet. Insofern werden ihr manche vorwerfen, die Kündigung sei ein Fehler gewesen. Die meisten aber würden sicher beipflichten, dass ihre seelische und physische Gesundheit schwerer wiegen als ein sicherer Arbeitsplatz. Auf ein solches Dilemma gibt es keine schnelle Antwort. Erst einmal wird es wichtig sein, dass in ihrer Nähe Menschen sind, die ihr Halt geben und respektieren, wer und wie sie ist. In unserer Verfassung heißt es, dass die Würde des Menschen unantastbar sei. Das ist mir wichtig, denn die Würde entsteht nicht allein durch Erwerbsarbeit, wie das manchmal vermittelt wird. Aus Sicht des christlichen Glaubens ist sie ein Geschenk. In jedem Menschen ist ein Schimmer des Ebenbildes Gottes zu erkennen, so erhält der Mensch seine Würde.

Das Gefühl, ausgeliefert zu sein

Die Würde des Menschen ist nicht vom Einkommen abhängig. Das festzuhalten, ist mir wichtig. Unsere Gesellschaft könnte gar nicht existieren, wenn nicht viele auf Erwerbsarbeit ganz oder teilweise verzichten würden, um Kinder zu erziehen und Alte zu pflegen, wenn nicht so viele ehrenamtliche Dienste leisten würden, ohne die das Gewebe, das unsere Gesellschaft zusammenhält, zerreißen würde. Für Christen gilt jedenfalls nicht, dass Arbeit dem Menschen Würde gibt. Dass jeder Mensch Gottes Ebenbild ist, das gibt ihm Würde.

Aber es wäre natürlich eine Illusion, zu behaupten, Geld und auch Erwerbsarbeit spielten keine oder nur eine untergeordnete Rolle. Ich erlebe immer wieder, wie Menschen hofiert werden, die besonders viel Geld verdienen. Alle wollen sie gern kennen, einladen, mit ihnen gesehen werden. Warum? Weil der Wert des Menschen in einer vom Kapitalismus geprägten Gesellschaft sehr wohl in Verbindung mit seinem Vermögen gebracht wird. Und das gilt dann ganz brutal auch andersherum: Wer wenig Geld hat, leidet meistens nicht nur unter finanzieller Not, sondern auch unter mangelnder Teilhabe. Er oder sie kann nicht mal eben mitkommen auf einen Kaffee, ins Kino gehen oder mit den Kindern den Zoo besuchen. Und Menschen, die arm sind, müssen zudem wesentlich schwerer um Respekt ringen. Die Würde wird sehr schnell angetastet.

Finanzielle Nöte entstehen in unserem Land vor allem, wenn Paare sich scheiden lassen, Frauen alleinerziehende Mütter sind oder Menschen für das Alter nicht ausreichend abgesichert sind – das betrifft im Übrigen auch oft Alleinerziehende.

Nur 25 Prozent der getrennt von den Kindern lebenden Elternteile zahlen den erforderlichen Unterhalt. 50 Prozent zahlen gar nicht, 25 Prozent unregelmäßig oder teilweise. Sie tragen so erheblich zur Armut von Kindern im Land bei. Gewiss, ich bin froh, in einem Land zu leben, in dem niemand hungern muss, weil eine gewisse Grundversorgung über Sozialleistungen gegeben ist. Aber die Demütigung, auf Ämtern darum bitten zu müssen, dass etwas entschieden wird, das Ringen um Euro und Cent, das prägt und verbittert Menschen.

Mir scheint, die Idee eines bedingungslosen Grundeinkommens ist wesentlich sinnvoller als detaillierte Bestimmungen, auf wie vielen Quadratmetern eine Familie wohnen darf und ob ein neues Paar Schuhe „dran" ist. Damit wäre zum einen eine große Rechtssicherheit gegeben, weil die Regelung in sich eindeutig ist. Zum anderen wäre damit ein Riesenbündel an Bürokratismus abgebaut. Letztlich wäre es eine Entlastung für alle und ein wichtiges Zeichen der Solidarität. Denn dann würden die Starken im Land selbstverständlich mit den Schwächeren teilen und ihnen so eine solide Basis geben. Eine Utopie – ja, aber eine gute und eine, die sich verwirklichen lässt. Denn die Entwicklung, dass wenige immer mehr besitzen, die bürgerliche Mitte bröckelt und eine immer größere Zahl von Menschen am Rande des Existenzminimums lebt, ist sozialer Sprengstoff. Mit Blick auf Länder wie Frankreich können wir sehen, wohin es führt, wenn Menschen keine Perspektive mehr haben. Gewalttätige Auseinandersetzungen mit der Staatsmacht sind dort an der Tagesordnung.

Wenn es ein Grundeinkommen für alle gäbe, könnte jeder Mensch entscheiden, ob er damit zufrieden ist oder alles daransetzen will, dass es rein finanziell mehr wird. Wer am Rand der Gesellschaft steht, wer wenig hat und wem der Überblick fehlt, wohin er sich mit seinen Sorgen wenden kann, empfindet es zuweilen so, dass Behörden-Entscheidungen oder -Vorschriften sein Leben massiv einschränken.

Wenn Zusammenhänge nicht klar sind, wird manches als Willkür erlebt. Und es gibt sicherlich auch Situationen, in denen dieses Wort die Sachlage genau auf den Punkt bringt. Ja, es gibt Behördenwillkür und wenig Empathie für Schwache in Deutschland!

Immer wieder schreiben mir Menschen darüber, wie sie zwischen die Räder gekommen sind. Die eine Regelung greift nicht mehr, die andere noch nicht. Eine Frist wurde versäumt, in Unkenntnis der Lage falsch gehandelt – und schon ist alles noch schwieriger geworden. Zahlungen werden verzögert oder ganz eingestellt, Zuschüsse verweigert, Wohnungen zwangsgeräumt. Derart unter Druck zu geraten, ist schrecklich. Entscheidungen gehen oft an den individuellen Bedürfnissen vorbei, egal wie die rechtliche Situation aussieht.

Ich weiß, viele Mitarbeitende in Behörden und staatlichen Institutionen geben ihr Bestes. In den letzten Monaten wurde im Angesicht der Flüchtlingskrise viel geleistet. Aber viele Menschen fühlen sich ausgeliefert.

Wer ohnehin eingeschüchtert und wenig sprachfähig ist, wer nicht gewohnt ist, um etwas zu ringen, hat es schwer. Am allerschwersten haben es Geflüchtete. Da wird eine Familie um acht Uhr zum Ausländeramt in der Stadt Kassel bestellt. Sie wohnen aber in einer ehemaligen Kaserne, fünf Kilometer entfernt von einer Kleinstadt. Von dort aus würden sie es mit dem Zug um diese Uhrzeit gar nicht nach Kassel schaffen. Was sollen sie tun? Am Ende sind sie zu Fuß zum Bahnhof gelaufen – mit drei kleinen Kindern – und haben in Kassel vor der Ausländerbehörde geschlafen, um kurz nach acht Uhr zu hören, dass der Termin um eine Woche verschoben wurde. Das ist ein kleines Beispiel von vielen. Wer die Geschichten des inzwischen legendären

Lageso, des Landesamtes für Gesundheit und Soziales in Berlin, hört und zum Teil miterlebt, kann nur verzagen. Wie sollen Menschen damit fertigwerden, ihren Weg in die deutsche Gesellschaft finden?

In Wolgast habe ich einen Jugendlichen kennengelernt, der aus Syrien stammt. Er ist vor dem Krieg geflohen, hat schwere Verbrennungen an beiden Armen. Sein erwachsener Bruder lebt in Duisburg, aber irgendeine Behördenentscheidung hat ihn statt ganz in den Westen ganz in den Osten der Republik gebracht. Wir bleiben in Kontakt, ich versuche, den Betreuer zu erreichen, der antwortet nicht. Der Junge hat Schmerzen, ein Arzt sagt, er sollte operiert werden, aber niemand kann das entscheiden, niemand fühlt sich zuständig. Das ist keine Fürsorge, hier ist jemand einem anonymen System ausgeliefert. Am Ende war es dem Engagement einer Betreuerin zu verdanken, dass der Junge nach Duisburg fahren durfte und heute bei seinem Bruder lebt.

Gewalterfahrungen – Opfer und Täter

Neben Erfahrungen von Scheitern, Finanznot und Willkür geht es auch um Gewalterfahrungen, die Menschen für den Rest ihres Lebens lähmen. Mehrere ehemalige Heimkinder haben mir das erzählt. Sie haben bis heute Mühe, Vertrauen zu fassen, ihr eigenes Leben zu erden, und sie fragen sich: Warum? Wieso konnte ich nicht so aufwachsen wie andere, in einer behüteten Umgebung, mit Eltern, die mich lieben? Wie konnte ich nur so ausgeliefert sein? Warum hat mir niemand geholfen? Aber diese Fragen müssen sich auch alle anderen stellen. Wie konnte es sein, dass in Erziehungsheimen, leider auch in kirchlichen, Kinder gedemütigt, geschlagen, ja, sogar missbraucht und vergewaltigt wurden? Warum hat niemand hingeschaut? Wie konnten die Täterinnen und Täter Kindern, die ihnen anvertraut waren, so etwas antun?

Ein Mann mit sehr schweren Heimkinderfahrungen hat mir ein Bild geschenkt, das er selbst gemalt hat. Es zeigt einen kleinen Jungen mit roter Mütze, der mit zwei viel zu großen Koffern weggeht. Als er es mir überreichte, sagte er, das sei sein Traum gewesen: Weggehen können, einfach weg aus all der Gewalt, dem Grauen, diesem entsetzlichen Ausgeliefertsein. Das Bild hängt heute über dem kleinen Kaufmannsladen, mit dem meine Enkelkinder spielen, wenn sie mich besuchen. Es rührt mich an, weil sie so behütet sind und dieses Bild von einem erzählt, der nicht behütet war, als er es so sehr brauchte ...

Ähnlich empfinden das Ausgeliefertsein auch Frauen, die Opfer sexueller Übergriffe oder von Vergewaltigung wurden. Als in der Silvesternacht 2015/16 viele Frauen in Köln und Hamburg Opfer solcher Gewalt wurden, begann eine neue öffentliche Debatte. Leider hat sie sich sehr schnell auf die Täter konzentriert – ob sie aus Nordafrika stammen oder möglicherweise islamische Frauenverachtung die Ursache gewesen sei. Wie so oft standen die Opfer nicht im Fokus des öffentlichen Interesses. Dabei ist ein sexueller Übergriff, eine Vergewaltigung für Jungen und Mädchen, Frauen und Männer ein Trauma, das kaum zu bewältigen ist. In einem Artikel hat eine Frau das sehr eindrücklich beschrieben: „Es gibt keinen Tag, an dem er nicht läuft, dieser Film in Endlosschleife: Ich, wie ich mich krümme. Er direkt hinter mir. Sein Becken gegen meinen Po stoßend. Viermal. Fünfmal. Sechsmal. Ich kann mich nicht erinnern, wie oft. In meinen Kopf schieben sich Bilder: mein Smartphone, wie es auf dem Boden liegt, der Asphalt im Licht der Straßenlaterne. Aus dem Off meine Schreie."[6]

Warum musste ausgerechnet mir das passieren?, fragen die Opfer. Warum warst du in dieser Gegend, bist du nicht selbst

---

6 Angefasst, in: DIE ZEIT Nr. 4/2016, 21. Januar 2016.

irgendwie schuld? Das sind Fragen, die sich ja auch die Opfer stellen: Wie hätte ich vermeiden können, derart verletzt, gedemütigt, traumatisiert zu werden? Aber die Frage kehrt das Schuldprinzip um. Das darf nicht sein! Schuld sind die Täter! Wer einem Kind oder einer Frau, manchmal auch einem Mann sexuelle Gewalt antut, ist ein furchtbarer Täter. Dafür gibt es keine Entschuldigung, sondern nur das Strafrecht als Antwort.

Damit kommen wir zu einem anderen Aspekt: Täter, die sich als Opfer sehen. Weil ihre Mutter, ihre soziale Herkunft, ihre Lage so war, sind sie Täter geworden. Das ist einerseits leider verständlich – aber es rechtfertigt die Tat dennoch nicht.

Wer in sozial gesicherten Verhältnissen aufwächst, kann sich schwer vorstellen, was Menschen zu Tätern macht. Andererseits muss jeder Mensch geradestehen für das eigene Tun. Und dazu gehört das Anerkennen der eigenen Schuld.

Angst vor Brüchen im Leben

Allzu selten machen wir uns bewusst, wie zerbrechlich das Leben ist. Eine Sekunde kann alles verändern. Da gibt eine Mutter ihren Sohn nicht mit auf den Kita-Ausflug, weil sie Angst hat, es könnte ihm etwas geschehen. Stattdessen geht sie mit ihm zum Einkaufen und auf dem Parkplatz vor dem Laden fährt ein älterer Mann rückwärts aus der Parklücke – das Kind stirbt sozusagen an der Hand der Mutter. Alles ändert sich von einem Augenblick auf den anderen. Ihr Leben liegt in Trümmern, ihre Ehe wird an dem Schmerz zerbrechen und auch der Fahrer wird seines Lebens nicht mehr froh.

Wie gehen wir mit dieser Fragilität des Lebens um? Manche ignorieren sie schlicht. Sie wollen nicht wahrhaben, dass sie nicht alles im Griff haben. Das aber macht sie umso verletzlicher, weil sie kaum das Handwerkszeug haben, Krisen zu bewältigen, sondern ihnen im wahrsten Sinne des Wortes hoffnungslos ausgeliefert sind. Andere regiert die pure Angst. Sie versuchen, sich abzusichern durch besonders stabile Türschlösser, umfassende Versicherungen, übergroße Vorsicht. Und dann müssen sie erfahren, dass es trotzdem keine absolute Sicherheit gibt.

In der SPIEGEL-Online-Kolumne „Morgenbriefing" vom 10. Februar 2016 hieß es: „Das schwere Bahnunglück von Bad Aibling, bei dem mindestens zehn Menschen ums Leben kamen, ist der wahr gewordene Albtraum jedes Bahnfahrers. Wir sind schockiert, gedenken der Opfer und trauern mit den Familien, die ihre Lieben verloren haben. Betroffen sind wir aber auch, weil wir ahnen, dass ein solcher Schicksalsschlag jeden von uns treffen könnte. Wer hat sich nicht schon einmal vorgestellt, wie es wäre, selbst in eine ähnliche Situation zu geraten?"

Das trifft unsere Gefühle angesichts eines Unglücks ganz gut, denke ich. Wir haben Mitgefühl: die armen Menschen! Und gleichzeitig denken wir: Hoffentlich passiert mir so etwas nie! Oder: Wie kann ich bloß vermeiden, dass mir so etwas passiert? Dass es keinen kompletten Schutz vor Unglücken, Unfällen und Leid gibt, wissen wir. Wenn wir dem ausweichen wollten, dürften wir nie wieder spazieren gehen, Auto fahren, im Zug sitzen. Aber selbst das würde uns nicht schützen. Deshalb ist der Eingangstext in der Morgenübersicht des Internetportals HORIZONT am selben Tag furchtbar banal: „Eine gewohnt locker-flockige Einleitung fällt uns am Tag nach dem schrecklichen Zugunglück in Bayern natürlich schwer, daher sagen wir nur: Passen Sie auf sich auf und bleiben Sie gesund!"

Meine Erfahrung ist, dass wir uns nur der Verletzlichkeit bewusst sein können und auf die Kraft hoffen dürfen, eine Krise auch zu bewältigen, wenn sie denn kommt. Es gibt keine Absicherung gegen Scheitern, Schmerz, Verlassenwerden, Krankheit, Trauer und Tod.

Woher kann die Kraft kommen, eine derartige Krise zu meistern?

Für mich spielt der christliche Glaube eine große Rolle. Und zwar eben gerade nicht als Vertröstung, so wie Kritiker es immer wieder herausstellen („Opium des Volkes"). Der Glaube ist kein Mittel, mit dem sich Leute selbst ruhigstellen, die Angst vor dem Leben und noch mehr Angst vor dem Tod haben. Der christliche Glaube schiebt auch die Verantwortung für alles Unglück nicht auf ein schlechtes Karma – und damit auf den Menschen selbst.

Ich frage mich oft, was viele im Westen so sehr am Buddhismus fasziniert. An einer Hochschule in Bangkok fragte mich eine Studentin nach einem Vortrag einmal, ob ich nicht auch glauben würde, dass Homosexualität die Strafe für schlechtes Verhalten im vorigen Leben sei. Wir kamen im Plenum in eine größere Diskussion. Es wurde deutlich, dass ein Begriff wie Nächstenliebe in einem solchen Kontext sehr fremd ist. Wenn du schuld bist an deinem Schicksal, warum sollte ich Mitleid mit dir haben? Einer der Professoren sagte, die Selbstmordrate in einem buddhistisch geprägten Land sei gewiss auch so hoch, weil man ja stets im nächsten Leben neu anfangen könne. Mir ist klar, dass viele das als zu stark verkürzte Anspielung auf den Buddhismus sehen. Es ist sicher so, dass diese Geschichte nur einen kleinen Teilaspekt beleuchtet. Aber mir haben die Begegnungen in Asien noch einmal deutlich gemacht, was ich am christlichen Glauben besonders schätze: Der Mensch wird nicht für sein Schicksal verantwortlich gemacht. Wir glauben, dass Gott uns die Kraft gibt, mit Leid, Schmerz und Tod zu leben. Und dass diese Kraft gestärkt wird durch die solidarische Gemeinschaft.

Die biblischen Erzählungen vermeiden schmerzhafte Themen nicht. Und sogar Jesus selbst hadert mit Gott, kurz vor seiner Verhaftung im Garten Gethsemane:

Und er ging ein wenig weiter, fiel nieder auf sein Angesicht und betete und sprach: Mein Vater, ist's möglich, so gehe dieser Kelch an mir vorüber; doch nicht wie ich will, sondern wie du willst!... Zum zweiten Mal ging er wieder hin, betete und sprach: Mein Vater, ist's nicht möglich, dass dieser Kelch an mir vorübergehe, ohne dass ich ihn trinke, so geschehe dein Wille! (Mt 26,39.42)

Diese Bibelstelle ist mir sehr wichtig. Einerseits wird Jesus dort als Mensch geschildert, der denkt und fühlt wie wir. Er ist ein junger Mann, er will leben und nicht sterben. Das ist so nachvollziehbar! Aber dann sagt er: Wenn es denn so kommt, wie es sich abzeichnet, finde ich auch die Kraft, diesen Weg zu gehen. Er sieht den Weg als von Gott vorgezeichnet, er weiß um seine Aufgabe und seine Rolle. Aber die Frage bleibt: Warum mutet Gott seinem Sohn derartiges Leiden zu?

Darüber lässt sich – nicht nur unter Theologinnen und Theologen – heftig diskutieren.

Ich sehe nicht, dass Gott Leid in die Welt schickt. Dafür hat mich der Alttestamentler Jürgen Ebach einmal sehr grundsätzlich kritisiert, er meint: „Die Bibel entlässt Gott nicht aus der Frage nach dem Bösen, für das Gott selbst verantwortlich ist."[7] Mir scheint das ein sehr vom hebräischen Teil der Bibel wahrgenommenes Gottesbild zu sein. Auch Jesus spricht vom Gericht Gottes, aber er zeichnet nicht das Bild eines Gottes, der Menschen abstrakt – und das auch noch willkürlich: Hier eine Krebsdiagnose und dort ein Autounfall, in Brüssel ein Terrorattentat und vor Lesbos ein kenterndes Flüchtlingsboot. Alles Gottes Plan, sein Wille? Dann wäre Gott in der Tat ein Marionettenspieler.

---

7 Jürgen Ebach, Schriftstücke. Biblische Miniaturen, Gütersloh 2011, S. 74.

Die Geheimnisse Gottes kann der Mensch nicht ergründen, aber wir können uns Gott anvertrauen, davon bin ich überzeugt. Als Christin kann ich Gott nur über Jesus Christus verstehen. Und da sehe ich nicht, dass Gott will, dass Menschen leiden. Aber Gott kann Menschen die Kraft geben, mit Leid zu leben und sich nicht in Bitterkeit, Hass- und Rachegefühlen zu verkämpfen.

Ein Leben in Fülle kennt auch die Verletzbarkeit. Gerade, wenn wir uns der Endlichkeit von Glück und Liebe, von Erfolg und Beziehung bewusst sind, erleben wir sie umso intensiver, denke ich. Deshalb gilt es, dem Leid nicht ausweichen zu wollen, es aber auch nicht zu suchen. Wenn es uns trifft, sind wir dran, Stärke zu beweisen und erhobenen Hauptes damit umzugehen. Und ich wünsche jedem Menschen, dass er in Situationen von Leid und Scheitern, von Klage und Verzweiflung andere Menschen um sich hat, die ihn dabei begleiten. Denn das ist der Grundsatz von Beziehung, sowohl Glück als auch Leid zu teilen. Das wusste schon der Apostel Paulus, als er im Römerbrief schrieb: *Freut euch mit den Fröhlichen und weint mit den Weinenden.* (12,15)

Scheitern und/oder neu anfangen

Als ein guter Bekannter seine zweite Hochzeit ankündigte, schrieb ich ihm: „Ich wünsche Euch Glück und Segen! Wie gut, dass uns heute unsere Gesellschaft und auch unsere Kirche solche Neuanfänge ermöglichen."

Das Scheitern einer Ehe ist ein für alle Beteiligten belastender Vorgang. Der gerne gerade von Prominenten verbreitete Satz „Wir sind als gute Freunde auseinandergegangen" trifft aus meiner Sicht auf die wenigsten wirklich zu. Die Ehescheidungen, die ich im Bekanntenkreis miterlebt habe, waren stets ein Kraftakt. Es ist schwer, sich nicht in gegenseitigen

Vorwürfen zu verstricken oder in absoluter Sprachlosigkeit zu versinken. Denn mit der Scheidung einer Ehe geht ja ein Lebenskonzept zu Ende, und zwar auf eine Weise, die kein „Happy End" ist.

Vor allem für Kinder ist eine solche Situation belastend. In letzter Zeit habe ich oft an die vier Kinder der AfD-Politikerin Frauke Petry und ihres Ehemannes, des evangelischen Pfarrers Sven Petry, gedacht. In einem Artikel in DIE ZEIT heißt es: „An einem Sonntag im November rechnet Sven Petry wieder einmal mit der Politik seiner Frau ab. Regen prasselt nieder auf Tautenhain, ein Dorf südlich von Leipzig, in das Frauke und Sven Petry mit ihren Kindern vor sechs Jahren gezogen sind. Damals waren sie ein ambitioniertes Paar, über das sich jede sächsische Gemeinde nur freuen konnte: Er Pfarrer, sie Unternehmerin, sie kamen aus Niedersachsen in den Osten. Sie wollten sich hier etwas aufbauen.

Inzwischen hat Frauke Petry die Alternative für Deutschland (AfD) aufgebaut und ist ihre Chefin geworden. Sven Petry ist Pfarrer geblieben. Ein Paar sind die beiden nicht mehr. Wer Sven Petry an diesem Sonntag zuhört, der bemerkt, dass die beiden längst vieles trennt, auch ihre jeweilige politische Haltung. Ihre Vorstellung davon, welche Meinungen ein Christ vertreten sollte – und welche nicht."[8]

Das ist traurig und schlimm genug für ein Ehepaar. Es ist aber eine enorme Belastung für die vier Kinder im Alter von 5 bis 14 Jahren, deren Eltern sich nicht nur trennen. Die Eltern sind in eine fundamentale inhaltliche Differenz verstrickt, und das in aller Öffentlichkeit. Wie die Seelen der Kinder in einer solchen Situation am besten zu schützen sind, das ist die entscheidende Frage, denke ich.

8 Anne Hähning, Herr Petry predigt Liebe, in: DIE ZEIT Nr. 48/2015, 26. November 2015.

Alle Kinder wollen letzten Endes, dass Mama und Papa zusammenleben und sich lieb haben. Gut, das ist naiv. Aber auch verständlich. Wenn Eltern sich trennen, sollten sie alles tun, damit die Kinder möglichst wenig Schaden nehmen. Aber stattdessen erlebe ich immer wieder, wie die Abneigung der Eltern gegeneinander an den Kindern ausgetragen wird. Das ist grausam! Familien, Freundinnen und Freunde sollten in solchen Situationen darauf drängen, dass um der Kinder willen Frieden einkehrt und Sprachlosigkeit überwunden wird. Sicher, für die Partner dauert es manchmal Jahre, gar Jahrzehnte, bis sie sich nach einer Trennung wieder unbefangen begegnen können. Für die Kinder aber ist diese Zeit definitiv zu lang.

Viele Paare verlieren sich in den Jahren der Kindererziehung und der beruflichen Anforderungen. Navid Kermani schreibt eindrücklich in seinem Roman „Große Liebe": „... wie sehr überraschte mich die Entdeckung, dass meine eigene Frau mal verliebt war in mich. Wie viele Kriege müssen wir geführt (haben), Glaubenskriege in gewisser Weise, dass ich die Erinnerung daran vollständig verlieren konnte? Unmöglich war es, den Ton, den sie vor über fünfzehn Jahren anschlug, mit der Stimme in Verbindung zu bringen, die ich zwei-, dreimal im Monat am Telefon höre, wenn wir uns über die Betreuung des Sohnes verständigen, reibungslos inzwischen auch über seine Erziehung."[1]

Ich denke, das geht vielen Paaren in einer solchen Lage ähnlich. Sie können sich gar nicht mehr daran erinnern, wie die Zeit war, in der sie Liebe zueinander spürten, Zärtlichkeiten austauschten, auch sexuell miteinander glücklich waren, einander körperlich begehrten. Fast ironisch formuliert das eine andere Autorin, Elisabeth Herrmann, in einem Roman: „So standen wir um kurz nach sechs nebeneinander im Badezimmer und putzten uns die Zähne. Wir putzen uns länger gemeinsam die Zähne, als wir miteinander schliefen. … Ich fragte mich noch, warum die Liebe sich weder ankündigt noch verabschiedet. Als ob sie kommen und gehen könnte, wie es ihr passt.“[II]

Das gibt es, dass sich die Liebe verabschiedet, zwei Menschen plötzlich erkennen, dass sie sich nichts mehr zu sagen haben. Und doch bleiben viele aus Angst vor einer Scheidung zusammen. Eine Frau nahm mich einmal bei einem Empfang zur Seite und erzählte mir, dass ihr Mann mit einer anderen zusammenlebe und nun die Scheidung einreichen wolle. Sie wehre sich, so gut sie könne, denn, so sagte sie mit großer Heftigkeit: „Ich will keine geschiedene Frau sein!“ Und sie beschrieb, wie sie es erlebe, auch in ihrer Kirchengemeinde, dass andere Ehefrauen sie misstrauisch ansähen, als ob sie auf deren Ehemänner aus sei. Dass sie, sobald sie den Status der Ehefrau verliere, nicht mehr zu bestimmten Festivitäten eingeladen werde. Insofern stand für sie in diesem Moment fast mehr der Statusverlust im Vordergrund als der Verlust ihrer Liebesbeziehung. Um diese ging es im Grunde genommen schon gar nicht mehr.

Jeden Tag ereignen sich tiefe emotionale Dramen mitten unter uns. Da schreibt mir eine Frau verzweifelt:

Leider waren meinem Mann und mir in all den Jahren keine Kinder vergönnt. Diesem emotionalen Druck ist unsere Ehe auf Dauer erlegen. Mein Mann zog sich immer mehr in sich selbst zurück, ich stürzte mich in die Arbeit, und die Kirchengemeinde verschlimmerte mit ständigem Nachfragen, „ob wir denn keine Kinder wollten", diesen Zustand nur noch mehr. Jeder Versuch, mit meinem Mann über das Thema zu sprechen, endete meist in einem heftigen Streit. Zuletzt haben wir das Thema „tot"-geschwiegen.

Und dann kam M., mein neuer Vorgesetzter, etwas älter als ich, verheiratet, drei erwachsene Kinder. Wir verliebten uns und die folgenden Monate waren die glücklichste Zeit meines Lebens. Wir planten ein neues, gemeinsames Leben und ich wurde bald schwanger! Wir mieteten eine Wohnung und er zog bei seiner Frau aus – an dem Abend war er der glücklichste Mensch auf Erden, und ich dachte, jetzt ist alles gut. Doch seine Familie übte Druck aus, er ging zurück. Heute lebe ich mit dem Baby allein.

Liebe Frau Käßmann, vielleicht können Sie mir helfen, zu verstehen, was nun der richtige Weg ist? Einerseits fühle ich mich vollkommen verraten und verkauft, andererseits kann ich auf ihn keinen Zorn entwickeln, weil ich nach wie vor versuche, auch ihn zu verstehen. Er hat mir nie gesagt, was er wirklich will, sondern immer nur, was seine Familie will. Ich frage mich: Habe ich alles falsch gemacht, oder bin ich Gottes Weg gefolgt, den er mir aufzeigt und geschenkt hat? Denn so weh im Moment alles tut, mein Baby ist mein größtes Geschenk. In der Gemeinde haben sie M. gesagt, er könne nur „errettet werden", wenn er seine Sünden bereut und seine Ehe erhält. Aber so verstehe ich unseren Glauben ganz und gar nicht!

Was für ein Lebensdrama. Es rührt mich, wie diese Frau ihr Leben annimmt, ihr Kind als Geschenk sieht, auch wenn sie so sehr um die Liebe zum Vater des Kindes trauert. Zuallererst habe ich ihr Kraft gewünscht, mit der Trennung zu leben. Und ich habe ihr Freude an diesem Kind gewünscht, das doch ein Geschenk Gottes ist. Natürlich ist es tragisch für sie, nicht gemeinsam mit dem Vater das Kind großziehen zu können. Das ist schwer, aber es ist zu meistern, wenn andere ihr beistehen. Auch der Mann hat mein Mitgefühl. Er fühlt sich von zwei Seiten unter Druck und wird auch Mühe haben, den richtigen Weg für sich und die anderen Betroffenen zu finden – in Verantwortung gegenüber den beiden Frauen und den Kindern aus zwei Beziehungen. Manchmal geraten wir im Leben in solche Situationen, in denen jede Lösung wie ein Fehler erscheint. Und manchmal erscheint dann eine Scheidung als der richtige Weg.

Ich denke nicht, dass der Erhalt einer Ehe um jeden Preis ein christliches Gebot ist. Aber es ist ein wichtiges Gebot, die Ehe nicht zu brechen, denn Ehebruch und Scheidung bringen sehr viele Verletzungen mit sich – für Paare, ihre Kinder, ihr gesamtes Umfeld. Warum, haben wir uns vor einiger Zeit in einer Gesprächsrunde gefragt, wird Ehebruch eigentlich nur auf sexueller Ebene definiert? Könnte es nicht auch sein, dass jemand die Ehe bricht, weil ein anderer der zentrale Partner in der Freizeit wird, etwa beim Tanz- oder Lauftraining? Oder weil eine andere das ganze Vertrauen besitzt im beruflichen Umfeld? Ich denke, es liegt daran, dass Sexualität eine Intimität mit sich bringt, die Menschen ihre Schutzzonen verlassen lässt. Im sexuellen Miteinander gibst du dich preis, kannst dich nicht unter intellektueller Kontrolle halten. Gut, werden einige sagen, es gibt doch auch Prostitution als Geschäft. Das stimmt. Und genau darum halte ich Prostitution auch für so problematisch. Sexuelle Intimität macht Menschen verletzlich, produziert große Nähe, verändert Beziehungen. Und deshalb ist Ehebruch auch so definiert. Weil solche Intimität mit einem anderen Menschen auch die Ehe verändert.

„Du sollst nicht ehebrechen" bleibt für mich ein gutes Gebot. Und ich habe hohen Respekt davor, wenn mir jemand erzählt, dass er in Versuchung war, was ich gut nachvollziehen kann, aber dann gesagt hat: Nein, das will ich nicht tun, um meiner Ehe, meiner Kinder, meiner Lebensplanung willen.

Ich möchte Paare ermutigen, zusammenzubleiben, diesen Weg miteinander zu gehen. Es rührt mich, wenn sich junge Leute entscheiden, zu heiraten. Und manchmal beneide ich ältere Paare, die zusammengeblieben sind, in guten und in schlechten Zeiten. Wenn sie ihr Leben weiterhin teilen, ihre Wohnung oder ihr Haus gemeinsam öffnen für Kinder und Enkel. Aber es kann auch sein, dass ein Zusammenbleiben zu gegenseitigen Verletzungen führt. Wenn mir ein Paar sagt, es sei zusammengeblieben, weil „wir das einfach durchziehen wollen", oder kürzlich ein Mann sagte: „Jetzt sind wir auch zu alt, das noch zu ändern", ist es nicht das, was wir uns landläufig unter einer gelingenden Ehe vorstellen.

Als ich selbst mit meiner Ehescheidung konfrontiert war, schrieb mir ein älterer Kollege, er habe im Studium von einem Professor gehört, wenn zwei Menschen in einer Ehe nicht mehr aneinander wachsen würden, sondern im Gegenteil sich gegenseitig das Leben schwer machten, dann sei der Sinn der Ehe im christlichen Verständnis nicht mehr gegeben. Das hat meiner Seele damals gutgetan. Für mich war es schmerzhaft, mich von einem Lebensmodell zu verabschieden, das ich mir gewünscht hatte. Und ich hatte Probleme damit, auseinanderzugehen, obwohl wir doch vor dem Altar und der Gemeinde 26 Jahre zuvor gesagt hatten, wir wollten auch in schweren Zeiten beieinanderbleiben. Ganz absurd fand ich, dass nun ein Richter „im Namen des Volkes" die Trennung manifestierte, weil ich meinte, „das Volk" habe nun wirklich nichts damit zu tun. Allerdings war es auch meine erste und bisher letzte Erfahrung vor einem Gericht und ich bin froh, dass sie nur gefühlte drei Minuten dauerte.

Wenn Martin Luther davon spricht, dass die Ehe ein „weltlich Ding" sei, dann nimmt er sie nicht auf die leichte Schulter, aber er erklärt sie auch nicht als unauflöslich. Eheschmerz tut weh, und es ist ein klarer Fall, dass in solchen Situationen für die Seele gesorgt werden muss. Denn ein Paar hat ja geheiratet mit dem Willen, beieinanderzubleiben. Wenn manche Menschen erklären, sich scheiden lassen wäre heute zu einfach, unterschätzen sie, wie schwer es sich viele damit machen! Gerade wenn auch Kinder betroffen sind, ist Scheidung ein schwerer, langer Prozess. Es mag Menschen geben, die sich mit Leichtigkeit trennen und neu binden, doch ich kenne niemanden, auf den das zutrifft.

Gerade erst vertraute mir ein Pfarrer, in dessen Gemeinde ich zu Gast war, auf dem Weg zum Flughafen mit tiefer Scham an, diese Ehe sei seine zweite. Seine Frau und er wollten auf keinen Fall, dass jemand in der Gemeinde wisse, dass ihre Liebe der Grund für zwei Scheidungen gewesen sei. Ich hatte mich schon gewundert, warum die beiden das ganze Wochenende über so wenig erzählt hatten von den Kindern, die es offenbar gab.

Das Schweigen ist belastend. Wo sollen Menschen denn von ihrem Kummer erzählen? Von der Freude über eine bevorstehende Heirat lässt sich gut sprechen, alle hören das gern. Aber wie weh es tut, dass zwei Menschen, die sich so nahe waren, einander nun nichts mehr zu sagen haben, davon mag eigentlich niemand etwas hören.

Wenn wir solchen Gefühlen aber nicht Raum geben, wie sollen denn die Verletzungen heilen? Da reden Menschen, die ihr halbes Leben geteilt haben, jahrelang nicht mehr miteinander, sie bleiben stumm, wortlos. Da sitzen bei einer Konfirmation die Eltern weit entfernt voneinander in der Kirche. Da kommt die Mutter der Braut nicht zur Trauung, wenn der Vater anwesend ist. Da werden Kinder kurz vor der Haustür abgegeben, ohne Gruß an Vater oder Mutter. Da werden Enkel groß, ohne die Großeltern je zusammen zu sehen. So etwas zersetzt Beziehungen und die Seele! Es ist schwer, über Verletzungen hinwegzukommen. Wer sie aber in sich hineinfrisst, gar noch andere mit den eigenen Verletzungen belastet, Kinder und Enkel in den Ehestreit hineinzieht, vergiftet das eigene Leben und das anderer. Freiheit und Lebenslust entstehen so jedenfalls nicht.

Muss das Ende einer Ehe immer nur ein Scheitern sein? Wenn ein Paar sich nach einem Vierteljahrhundert trennt – und das ist heute öfter der Fall als früher –, könnte es ja auch festhalten: Wir hatten eine gute Zeit miteinander, wir haben gemeinsame Kinder großgezogen, auf die wir stolz sind. Aber selbstverständlich haben wir uns in all diesen Jahren verändert, wir hatten zuletzt auch schlicht zu wenig Zeit miteinander. Und wir sehen das, wir ignorieren es nicht. So geben wir einander frei und auch die Freiheit, einen Neuanfang zu gestalten.

Vor vielen Jahren habe ich einmal vorgeschlagen, dass es für solche Fälle eine Art Scheidungsritual geben sollte, in dem die Kirche Menschen Raum gibt für einen solchen Abschied in Würde, wie wir ja auch den Tag der Hochzeit mit Gottes Segen begleiten. Warum also nicht den Tag der Veränderung, der Scheidung und des Neuanfangs? Damals, es ist 15 Jahre her, gab es viel Gegenwind, nach dem Motto „Käßmann will Scheidungen segnen". Das ist überhaupt nicht der Punkt. Sondern es geht mir um Seelsorge im besten Sinne. Darum, in Frieden auseinanderzugehen, um der Kinder willen, aber auch um der eigenen Seele willen. Am Ende vielleicht auch manche Wunde zu heilen, indem wir uns an das Gute erinnern.

Da es ein solches Ritual bislang leider immer noch nicht gibt, sind mein Mann und ich am Ostersonntag bevor er auszog mit unseren Kindern gemeinsam zum Abendmahl gegangen. Mir hat das die Last auf der Seele etwas genommen, mich erleichtert. Es war ein Zeichen von bleibender Gemeinschaft, auch wenn wir bald nach 26 Jahren verschiedene Wege gehen würden. Meine beste Freundin war damals dabei und sagt, dass es sie sehr angerührt habe, mit uns am Altar zu stehen. Vor einem solchen Altar hatten wir auch gestanden, als wir uns das „Ja" gegeben haben – als wir nach bestem Wissen und Gewissen gesagt haben, dass wir unser ganzes Leben miteinander verbringen wollen. Ich denke, dass wir nun, Jahre später, auch die Freude an unseren Enkeln miteinander teilen können, liegt auch daran, dass wir nicht in Feindschaft auseinandergegangen sind, auch wenn es ein paar Jahre gebraucht hat, die Trennung zu bewältigen. Aber es kann doch auch eigentlich nicht sein, dass Menschen, die ein Vierteljahrhundert lang ihr Leben geteilt haben, irgendwann nicht mehr miteinander sprechen, sich aus dem Weg gehen, gar hassen.

Die Zusage, dass Neuanfänge möglich sind, ist ja gut biblisch. Gott legt Menschen nicht fest auf ihr Versagen oder ihr Scheitern, sondern traut ihnen zu, sich zu ändern. Gott gibt ihnen die Chance, im Leben noch einmal einen neuen Weg zu gehen. Deshalb ist es einerseits wichtig, eine Scheidung nicht nur als ein Scheitern zu betrachten, sondern auf das Gute zu schauen, das ich mit dem Partner oder der Partnerin hatte. Und es dann durchaus auch zu wagen, eine neue Partnerschaft zu beginnen.

Natürlich ist es wunderbar, wenn eine Ehe ein Leben lang hält, das Paar sich noch etwas zu sagen hat, gut aufeinander abgestimmt ist und gern zusammenlebt. Selbstverständlich tut es weh, wenn eine Ehe auseinandergeht. Aber auch Neuanfänge können guttun. Und die Seele kann so wieder ihren Frieden finden. Bei der Taufe meines dritten Enkels waren wir vier Großeltern als Geschiedene teils mit neuen Partnern da. Ein Freund sagte hinterher, es habe ihn beeindruckt, mit wie viel gegenseitigem Respekt alle in dieser Patchworksituation miteinander umgegangen sind. Das habe ich auch so empfunden. Nach Jahren des Ringens um angemessene neue Beziehungsebenen zueinander war das Zusammenkommen geradezu harmonisch, und im Mittelpunkt standen nicht alte Geschichten, sondern das Glück über dieses neugeborene Kind. Es war bei allen eine neue Freiheit im Umgang miteinander fühlbar und das brachte geradezu Erleichterung mit sich, die alle spürten.

Das gilt für alle Bereiche des Lebens. Wir sollten uns nicht festbeißen an dem, was nicht gelungen ist. Viel zu viele werden so in der Tat ver-bissen. Wer nach vorn schaut, die Krise bearbeitet und sich dann wieder herausarbeitet, kann mit Erfahrung und vertiefter Wertschätzung neue Wege gehen.

* * *

Roger Willemsen, mit dessen Krebsdiagnose und Tod dieses Kapitel begann, hat in einem Kinderbuch, das von der Künstlerin Kitty Kahane illustriert wurde, das Buch Hiob nacherzählt.[III] Als ich das Buch kurz nach seinem Tod noch einmal zur Hand nahm, hat mich fasziniert, wie frei er sich dieser alten Geschichte genähert hat und wie er ihre Lebensweisheit letzten Endes weniger für Kinder als für Erwachsene in unsere Zeit übertragen hat. Ihm ist gelungen, den Schatz dieser so alten Erzählung für uns heute zu heben, zu aktualisieren und damit bewegend annehmbar zu machen. Daher zum Abschluss des Kapitels ein Auszug aus Willemsens Buch. Hiob ist bei ihm ein Zirkusdirektor, Herr Hopp, ein fröhlicher, freundlicher Mensch, der jeden Morgen sein Dromedar Gerda durch die Stadt führt:

Warum Herr Hopp am frühen Morgen ein Dromedar spazieren führt? Warum nicht? Wer hätte nicht mal Lust darauf? Aber die meisten Menschen sterben, liegen da und denken: Nicht ein

einziges Dromedar hab ich in meinem Leben ausgeführt. Das
hätte mir auch mal früher einfallen können. Aber dann ist es
zu spät. Vielleicht sagen sie aber auch: Ich bin zu wenig Riesen-
rad gefahren, zu selten durch Laubhaufen gelaufen.

Herr Gottlieb ist ein ziemlich missmutiger Mensch, der entdeckt, dass Hopp eigentlich Hiob heißt. Das Unglück nimmt
seinen Lauf, die Tiere sterben ihm weg, die Frau verlässt ihn
und Herr Gottlieb sorgt dafür, dass die anderen ihn verachten.
Hopp sagt:

„Warum ich? Erst das Meerschweinchen, die Fische, jetzt meine
Gerda? Warum das mir?"
    Da legte ihm der Clown Pico die Hand um die Schultern und
meinte: „Jetzt mal halblang. Du hast Andere aufgerichtet, doch
jetzt, da es dich trifft, kannst du dich selbst nicht aufrichten?
Was glaubst du denn? Dass du das Glück bewohnen kannst wie
ein Eigenheim? Das Unheil geschieht nicht in der weiten Welt
allein, es kann auch in deiner passieren. Also verzweifle nicht,
sondern finde eine Haltung. Warum ich?, fragst du? Warum
nicht du?"
    „Welche Haltung soll das nur sein?", klagte Herr Hopp und
drehte so unglücklich an einem Knopf vorn an seiner Jacke, dass
er ihn gleich darauf in der Hand hielt. „Habe ich die Freude
denn für mich allein gewollt? Denk an das Kindergeschrei, das
Gelächter in unsrer Manege!"
    „Gewiss", erwiderte Pico. „Aber wie willst du die Freuden der
Gesundheit schätzen, wenn du nie krank gewesen bist?"

Am Ende kämpft sich Herr Hopp mühsam ins Leben zurück und ist als alter Mann „satt vom Leben, reich an Erfahrung und… ein Mensch, so schön wie ein Baum, der in allen Wettern gestanden hat".

3

Eine schrecklich nette Familie!

Über wunderbare Beziehungen und tiefe Konflikte

„Eine schrecklich nette Familie" war in den 80er- und 90er-Jahren eine ziemlich erfolgreiche Fernsehserie. Sie drehte sich um Familienvater und Damenschuhverkäufer Al, seine Ehefrau Peggy, die vor allem durch hochtoupierte Haare Furore machte, und die Kinder Kelly und Bud. Die Serie war nicht gerade ein Zeichen von Hochkultur im Fernsehen und voll von Klischees, aber sie hatte sehr viele begeisterte Anhänger. Das liegt sicher daran, dass Familie beides sein kann: ganz wunderbar, Halt und Orientierung gebend, und zugleich total belastend, voller Konflikte und Verletzungen – schrecklich *und* nett eben …

Wir bekommen durch unsere Familie Wurzeln und Prägungen für unser Leben. Selbst wenn es Spannungen oder Zwistigkeiten gibt, sind die Mitglieder unserer Familie doch diejenigen, auf die wir uns in der Regel im Ernstfall verlassen können. Haben sich die Generation der 1968er und die nachfolgende Generation eher über Abgrenzung definiert, weil sie – durchaus mit guten Gründen – alles ganz anders machen wollten, so steigt in den letzten Jahren die Wertschätzung der Familie und auch von Traditionen wieder.

Die Erziehung zum Untertanengeist, Gehorsam als Erziehungserfolg, die Verweigerung der Auseinandersetzung mit eigenem Versagen – solche Grundhaltungen haben vor fast 50 Jahren den Widerstand der Jüngeren gegen die Ansichten und Methoden der Elterngeneration hervorgerufen. Den Jüngeren lag daran, Kinder als Individuen ernst zu nehmen mit ihren eigenen Bedürfnissen und Standpunkten, eine Begegnung auf Augenhöhe wurde erprobt. Das hat gewiss zu manchen Auswüchsen geführt und „anti-autoritäre Erziehung" wurde in der Folge geradezu zum Feindbild konservativer Gesellschaftsschichten. Aber will irgendjemand zurück zu einem Familienverständnis, bei dem es um Druck und Herrschaftsansprüche ging? Ich denke, nein. Neu wurde nach einer Autorität der Eltern gefragt, die nicht autoritär daherkommt. Das ist anstrengender, weil Beziehungen nicht durch Hierarchie und Macht bestimmt werden, à la: „Solange du deine Füße unter meinem Tisch hast ...". Es geht darum, zwischen den Grenzen, die Eltern zu setzen haben, und den Freiheiten, in denen Kinder sich gut entwickeln, die richtige Balance zu finden. In Artikel 6 des Grundgesetzes heißt es: „Pflege und Erziehung der Kinder sind das natürliche Recht der Eltern und die zuvörderst ihnen obliegende Pflicht." Das ist ein Aspekt, der manchmal heute vergessen scheint. Erziehen ist anstrengend, aber auch eine Pflicht.

Ein anderes Phänomen unserer Zeit sind „emotionale Nesthocker": Kinder, die sich nur schwer von ihren Eltern lösen und auch noch mit 30 Jahren alle Probleme ihres Lebens mit Vater oder Mutter durchsprechen wollen. Das habe ich, als ich eine junge Frau war, in meinem Umfeld sehr selten beobachtet. Manchmal müssen Eltern offensichtlich heute ganz anders als in vorigen Generationen auch sagen: „Dies ist jetzt mein Leben – und das dein Leben. Ich will noch etwas Eigenes und bin nicht nur ununterbrochen für dich und deine Fragen da." Die eher fitte Großelterngeneration von heute entspricht nicht mehr unbedingt der Generation, die ständig auf Anruf oder Besuch der Jungen wartet. Aber Auseinandersetzungen gibt es noch – Eltern, die stöhnen unter der heftigen Kritik ihrer Kinder.

Als mir die Mutter einer 14-Jährigen ihr Leid über die Renitenz der Tochter klagte, habe ich ihr einen Post geschickt, den ich über WhatsApp erhalten habe und sehr beruhigend finde:

4 Jahre: Mama weiß alles!

8 Jahre: Mama weiß viel!

12 Jahre: Mama weiß nicht wirklich alles!

14 Jahre: Mama weiß gar nix!

16 Jahre: Wer ist Mama?

18 Jahre: Die gehört doch zum alten Eisen!

25 Jahre: Mama weiß das vielleicht.

35 Jahre: Bevor wir das entscheiden, fragen wir mal Mama!

45 Jahre: Ich frage mich, wie Mama darüber denkt …

70 Jahre: Wie gern würde ich jetzt Mama fragen können!

Wir Älteren schmunzeln darüber, weil die wenigen Andeutungen sehr treffend spiegeln, wie sich unser Verhältnis zu den Eltern im Laufe des Lebens wandelt. Je älter wir werden, desto nachsichtiger schauen wir auf sie. Ich denke, die emotionalen Ausschläge der sogenannten 68er sind längst wieder ins Lot gebracht. Wer die Geschichte betrachtet, kann oftmals solche „Pendelausschläge" erkennen. Um etwas lange Bestehendes zu überwinden, braucht es viel Kraft. Und dann passiert es schnell, dass eine Bewegung, die eigentlich etwas sehr Positives bewirkt, über das Ziel hinausschießt.

Es konnte nicht beim autoritären Familienoberhaupt bleiben, das alles bestimmt. Und die unterdrückte Sexualität, die bis Anfang der 60er-Jahre das Leben in Deutschland und vielen anderen Ländern bestimmte, musste in der Tat „befreit werden". Auch die evangelische Kirche hat sich damals geöffnet und erklärt: „Sexualität ist eine gute Gabe Gottes." (EKD-Denkschrift 1971)

Ein markanter Satz aus der Zeit der „sexuellen Befreiung" lautet: „Wer zweimal mit derselben pennt, gehört schon zum Establishment." Dabei geht es doch nicht nur um sexuelle Befriedigung, sondern in Beziehungen vor allem um die drei großen Vs: Verlässlichkeit, Verantwortung und Vertrauen. Und auch der Respekt vor Kindern wurde nicht gewahrt, wenn in der Folge auch sexuelle Beziehungen mit Kindern verharmlost, statt als Verbrechen angeprangert wurden. Mich persönlich hat erschüttert, dass jemand wie Hartmut von Hentig, der als großer Pädagoge gefeiert wurde, solche sexuelle Gewalt heruntergespielt hat.

Vieles hat sich in den letzten Jahren verändert, und das ist gut so. Beziehungen werden bewusster gepflegt und die Shell-Jugendstudie zeigt, dass die Jungen sich weniger gegen die Alten abgrenzen wollen und sich ihnen stattdessen öfter eng verbunden fühlen. Mir scheint, es gibt eine neue Gelassenheit zwischen den Generationen. Ich habe das erlebt, als eine Pastorin etwas abwertend erklärte, all das Brimborium, das heute um eine Hochzeit gemacht werde, habe sie zu ihrer Zeit schlicht abgelehnt. Die ganze Hochzeitsgesellschaft sah das anders und fand eher die Pfarrerin mit ihren Ansichten merkwürdig. Warum nicht ein schönes großes Fest feiern? Gewiss, manche Hochzeit ist heute vom Perfektionsstress bestimmt. Da ist der Druck groß geworden, alles soll absolut gelingen, obwohl wir wissen, dass genau das, was nicht gelingt, später oft mit den besten Erinnerungen verbunden ist. Aber gemeinsam finden es Brautpaare und ihre Familien wieder schön, wenn Feste im großen Familienkreis gefeiert werden. Die Übergangsriten sind wichtige Markierungspunkte im Leben. Es ist gut für die Verbindungen, für die Familiengeschichte, sie gemeinsam zu würdigen. Sie wertzuschätzen, sie zu erleben und so in die Erzählung der Familie einzureihen. Die Hochzeiten meiner Kinder, Nichten und Neffen in den letzten Jahren waren wunderbare Treffpunkte:

Du kommst zusammen, einerseits, um mit dem Paar sein Glück zu feiern, andererseits aber auch, um Geschwister und Tanten, Neffen und Onkel wiederzusehen, neue Partnerinnen und Partner, neugeborene Kinder kennenzulernen und sie im großen Kreis zu begrüßen.

In diesen Zusammenhang der Wiedergewinnung von Tradition und der Wertschätzung von Ritualen gehört auch, dass Einschulungsgottesdienste heute großen Zulauf verzeichnen. Solche Veranstaltungen gab es vor Jahrzehnten noch gar nicht. Kinder, Eltern, Großeltern und Paten feiern diesen besonderen Tag im Leben und bitten um Gottes Segen. Das finde ich sehr passend. Und auch Abiturfeiern mit Gottesdienst gibt es. Das ist wunderbar und so sinnvoll! Denn es ist wichtig, auf diese Weise Danke für den zurückliegenden Weg zu sagen, den Übergang von der Schule in die berufliche Ausbildung zu feiern und um Gottes Segen dafür zu bitten.

Bei meinen Schwestern galt beim Abitur noch: „Holt euch den Wisch im Sekretariat ab!" Als ich Abitur machte, waren wir der erste Jahrgang, bei dem es eine kleine festliche Zeugnisübergabe gab. Meine Mutter hatte aus beruflichen Gründen keine Zeit, mitzukommen, ich fand das nicht so tragisch. Aber als es die festlichen Feiern bei den Abiturabschlüssen meiner Töchter gab, war ich überrascht, wie gerührt ich war. Doch, das ist ein Rite de Passage! Was sollte denn dagegensprechen, ihn auch festlich zu begehen?

Enkelglück

Ein Kollege erzählte mir kürzlich, dass ihn die Nachricht seines Sohnes, dass er Großvater werde, irritiert habe. Er fühle sich auf einmal so alt und sei sich nicht ganz sicher, ob er sich freuen solle. Bei mir war das anders, ich war völlig aus dem Häuschen vor Freude, als ich wusste, ich werde zum ersten Mal

Großmutter. Inzwischen habe ich schon drei Enkel und bin total fasziniert, wie schön das alles ist: drei kleine Menschenkinder, die von mir (und anderen) abstammen, aber ganz eigenständige Persönlichkeiten sind.

Ich habe eine Zeit lang überlegt, wie ich denn heißen möchte in dieser neuen Rolle, aber meine älteste Enkeltochter hat das schlicht entschieden. Ich bin also „die Omi". Und sie gibt mir voller Vertrauen ihre kleine Hand, das ist anrührend.

Nach einem Tag mit kleinen Kindern im Haus bin ich allerdings geschafft. Und froh, nicht mehr 24 Stunden für sie sorgen zu müssen. Da hat die Natur auch ihr Recht. Es liegt auf der Hand, dass du als jüngerer Mensch schlicht mehr Kraft hast, auf Schlaf zu verzichten, nicht so viel Zeit für dich selbst brauchst.

Wenn Männer sehr spät noch einmal Vater werden, spüren sie diese Lasten der Eltern in einer Phase, in der sie schon Großväter sein könnten. Irgendwie erscheint es immer wieder unzeitgemäß, wenn ein Mann meines Alters oder älter Vater wird. Als die BILD kurz vor Weihnachten 2015 titelte, dass Tagesschausprecher Jan Hofer mit 63 noch einmal Vater wird, nachdem er schon Kinder im Alter von 44, 31 und 26 Jahren hat, gab es viele spöttische Kommentare. Doch der Vater sagte, er sei überglücklich, zumal er eine Elternzeit nehmen könne. Und: Wickeln sei Sache seiner jungen Frau. Mir kommt das immer ein wenig illusionär vor, aber die Konstellation gibt es ja öfter: Ein alternder Mann trifft eine attraktive junge Frau, die hätte aber gern noch ein Kind, und so wird er noch einmal sehr spät zum Vater, was die Beziehung natürlich total verändert. Andererseits: Jedes Kind ist ein Segen. Und ich will auch nicht urteilen, wenn jemand es als Glück empfindet, im Großvateralter noch einmal Vater zu werden. Dass späte Väter sich ständig rechtfertigen müssen, empfinde ich auch als unpassend.

Für mich ist es mit großmütterlichem Abstand faszinierend, zu sehen, wie meine Enkelkinder für sich die Welt erobern und so schnell ganz kleine Persönlichkeiten werden. Von Anfang an ist da etwas Eigenes, ganz Individuelles. Alle drei Enkel konnte ich am Tag nach der Geburt im Arm halten. Sie sind ein Wunder, finde ich. Unfassbar, dass sie gerade noch im Bauch der Mutter waren und dich jetzt schon anzuschauen scheinen. Und wenn du sie nicht jeden Tag siehst, bringt jede Begegnung ein Staunen, was sie alles inzwischen schon wieder gelernt haben. Bis eine Dreijährige dir sagt: „Ach, Omi, dafür bist du schon zu alt!" – und du lachen musst. Ja, sie hat recht. Und sie ordnet dich ab jetzt in ihre Welt ein.

Mit dem Abstand einer Generation sehe ich auch, wie die Eltern sie prägen, sich um sie mühen, welche Kraft es kostet, ein Kind großzuziehen. Gewiss, Menschen können auch ohne Kinder glücklich werden. Aber ein Kind ist ein großes Glück, ein Geschenk, ein Segen – aber eben auch eine enorme Belastung.

Großmuttersein ist ein wunderbarer Status im Leben, finde ich. Einmischen muss ich mich nicht, die Eltern haben die Verantwortung. Aber manchmal kann ich mich querstellen, etwas ganz anders machen als die Eltern – das gefällt mir.

Meine Seele fühlt sich zutiefst bereichert durch diese Kinder. Lange schon habe ich nicht so viel gelacht. Ich lese mit neuem Blick die alten Kinderbücher. Und ich habe wesentlich mehr Geduld, im Mini-Kaufmannsladen einzukaufen, als ich das als berufstätige Mutter bei meinen Kindern hatte. Wenn du älter wirst, ist Zeit – auch verbummelte Zeit – ein immer kostbareres Gut. Ich denke, Kinder spüren das, für sie ist es ja eine Art Auszeit vom Familienalltag. Eine besondere Beziehung entsteht da Schritt für Schritt.

Wenn ich jetzt sehe, wie meine Hände faltiger werden und die ersten Altersflecken erscheinen, erinnern sie mich an die

Hände meiner Mutter und meiner Großmutter. Und wenn mein Enkelsohn dann mit seiner kleinen Hand meinen Zeigefinger umklammert, rührt mich der Unterschied zwischen dieser perfekten kleinen Kinderhand und meiner. Das ist schlicht, aber auch ergreifend der Kreislauf des Lebens …

Besonders bewegend fand ich die Taufen meiner drei Enkelkinder. Meine Eltern sind längst verstorben und hier ist nun eine neue Generation, die ins Leben begleitet wird, die wir unter den Segen Gottes stellen: „Schutz und Schirm vor allem Argen, Stärke und Hilfe zu allem Guten", das ist die Zusage bei der Taufe, die Kinder hineinnimmt in die noch größere Familie der Kinder Gottes in aller Welt. Und die große eigene Familie steht als Gemeinschaft im Kreis um das Taufbecken und begleitet den neuen Erdenbürger. Ich bin meinen Töchtern dankbar, dass ich die drei taufen durfte. Es war für mich jedes Mal ein sehr berührendes Ritual.

Prägende Kindheit

Nun haben nicht alle Menschen eine große Familie, zumal in einem Land, in dem immer weniger Kinder geboren werden. Aber jeder und jede hat auf irgendeine Weise Familie. Alle werden in einen Zusammenhang geboren. Dabei sind schon die ersten Wochen und Monate ungeheuer prägend. Hieß es früher „Mit der Schule fängt der Ernst des Lebens an", so wissen wir heute aus der Forschung der Elementarpädagogik, dass dieser Ernst mit der Geburt beginnt.

Säuglinge werden gehegt, gepflegt, umsorgt und betreut – das ist wichtig und gut. Aber auch hier sind die Grenzen zwischen gut gemeint und wirklich gut fließend. Im Bemühen, alles richtig zu machen und nichts auszulassen, was dem Kind dienen könnte, kümmern sich manche derart intensiv um ihren Nachwuchs, dass kaum noch Raum für eigene Entwicklung bleibt. Während die einen Kinder vernachlässigt werden, werden andere offensichtlich überbetreut von sogenannten „Helikoptereltern". Das führt natürlich zu sehr verschiedenen Ausgangslagen.

Kommen Kinder in die Kita, sind die unterschiedlichen Entwicklungsstufen oftmals schon klar erkennbar. Die einen sind es gewohnt, sich auf ein Bilderbuch zu konzentrieren, die anderen kennen die Situation des Vorlesens gar nicht. Die einen können sich verbal schon gut artikulieren, die anderen sind nicht in der Lage, deutsch zu verstehen. Dass sich hier lange vor der Einschulung Bildungschancen unterschiedlich zeigen, liegt auf der Hand. Vor allem mit Blick auf die Sprachentwicklung wird mir das bei kleineren Kindern oft deutlich. Das eine Kind erzählt dir Geschichten, die es gehört hat, das andere könnte das gar nicht.

Natürlich spielen dabei auch die Medien eine Rolle. Wie einfach ist es, ein Kind vor einen Fernseher oder einen Computer zu setzen und es von den bewegten Bildern unterhalten zu lassen. Wie schwer ist es, Grenzen zu setzen, um Auswahl zu ringen. Ich denke, dass Medienpädagogik ein entscheidendes Thema ist. Mir erzählte eine junge Frau, sie überschütte ihre Tochter mit Spielzeug, aber eigentlich wolle diese immer nur mit dem Handy spielen, das sei doch wirklich süß. Wir kannten uns nicht gut genug, als dass ich meine erheblichen Zweifel an dieser Pädagogik und der daraus getroffenen Feststellung hätte ausdrücken wollen …

Ich erinnere mich, dass wir, als meine Kinder klein waren, um Verabredungen gerungen haben. Zum Beispiel um die Frage, wer was wann im Fernsehen schauen darf. Und ich gebe zu: Meine vierte Tochter durfte manches Mal mitgucken, um des lieben Friedens willen. Der „Tigerentenclub" war angesagt – herrlich für die Eltern, eine Stunde kinderfreie Zeit, und alle vier fanden das toll.

Heute ist die Individualität viel weiter vorangeschritten. Gemeinsame Fernsehprogramme sind von gestern, jeder schaut wann und was er oder sie will. Da ist es viel schwerer, Grenzen zu setzen. Und es ist noch viel schwerer, zu wissen, was die Kinder eigentlich schauen, spielen, aufnehmen. Insofern sehe ich, dass junge Eltern viel mehr Kraft aufbringen müssen mit Blick auf Medien.

Und schließlich ist prägend, ob und wie viele Geschwister Kinder haben. Hatten früher Eltern in der Regel viele Kinder, haben heute Kinder oftmals viele „Eltern". Im Restaurant konnte ich neulich beobachten, wie Großeltern und Eltern mit ihren Verhaltensmaßregeln, Kommentaren und Fragen auf ein einziges Kind konzentriert waren. Schon das Zuhören fand ich erschöpfend. Kommt ein zweites, drittes, vielleicht viertes Kind, ändert sich die gesamte Familienkonstellation und auch die Selbstwahrnehmung des Kindes. Kurzum: Familie ist prägend, das ist glasklar. Das Wissen darum sollte nicht Druck auf die Eltern ausüben, aber es muss ihnen klar sein, wie sehr sie ihr Kind von Anfang an beeinflussen. Und schließlich ist uns Erwachsenen im Rückblick oft zu wenig bewusst, wie viel wir der frühen Kindheit verdanken. Und wie sehr unsere Stärken, aber auch unsere Schwächen, unser Durchhaltevermögen oder unsere Ängstlichkeit, unsere Lebenseinstellung und Haltung von dieser Zeit geprägt wurde.

Geschwister

Meine Mutter war die Dritte von vier Geschwistern, ich selbst bin die Jüngste von vieren, es gab dazu viele Cousinen und Cousins. Ich selbst habe vier Kinder und jetzt drei Enkel. Meine beiden Schwestern haben vier bzw. zwei Kinder und inzwischen auch mehrere Enkel. Auch meine Schwiegersöhne haben alle Geschwister, teilweise schon Nichten und Neffen. Das heißt, wenn ein Familienfest ansteht, dann ist das selbst im kleinsten Kreis eine große Sache, auch wenn nicht alle kommen können. Und bei einer großen Familie gibt es viele Feste zu feiern.

Ich mag das sehr. Und ich versuche, die Geburtstage alle im Blick zu behalten, was gar nicht so einfach ist. Es macht mir Freude, jedem wenigstens einen kleinen Gruß zu seinem Festtag zu schicken. Aber ich kenne auch Menschen, die sagen: „Puh, das wäre mir viel zu anstrengend, so viel Familie!"

Gerade verändert sich viel in unserem Land: Die Ein-Kind-Familie wird nicht wie in China zum politischen Ziel, sondern zur selbst gewählten Norm. Für 2014 sagt die Statistik[9], dass von den 13 Millionen minderjährigen Kindern in Deutschland 26 Prozent, also rund jedes vierte, ohne Geschwister aufwächst. Knapp die Hälfte (47 %) hat ein Geschwisterkind, ein weiteres Viertel (26 %) zwei oder mehr Geschwister. In zwei Prozent aller Familien (127 000) leben vier Kinder, in einem Prozent fünf oder mehr (45 000 Familien).[10]

Zuallererst: Ich verstehe Eltern, vor allem Frauen, die nur ein Kind haben, da gibt es nichts vorzuwerfen. Es ist unübersehbar, wie stark ein Kind das Leben verändert, wie schwierig es ist, Familie und Beruf zu verbinden, und auch, wie sehr Partnerschaften belastet werden, wenn Kinder kommen. Eheberater sagen, spätestens mit dem zweiten Kind kommt eine Ehe in die Krise. Also: Niemand soll diskriminiert werden, der gewollt oder ungewollt keine Kinder hat. Und: Auch ein Einzelkind ist wunderbar, keine Frage. Und doch verändert das zweite Kind alles. Als meine älteste Tochter das zweite Kind bekam, konnte ich das aus der Großmutterperspektive miterleben. Plötzlich ging der Fokus weg von dem einen Kind und die

9 Vgl. www.destatis.de.
10 Alle Zahlen aus: Mehrkindfamilien in Deutschland. Dossier der Prognos AG, Dezember 2013, BMFSFJ.de.

Aufmerksamkeit wurde geteilt. Je älter das jüngere Kind wird, desto mehr verstehen die beiden sich als Geschwister. Als ich die Ältere einmal vom Kindergarten abgeholt habe und nicht wusste, wie ich die Jüngere, die im Kinderwagen brüllte, beruhigen sollte, genügte ein Lachen der großen Schwester und alles war gut. Geschwister ordnen dich anders in die Familie ein.

Geschwister bleiben ein Leben lang. Wir erleben die Kindheit zusammen und wir stehen irgendwann gemeinsam am Grab unserer Eltern. Das habe ich mit meinen Schwestern so erlebt. Und bei allen Konflikten, die wir hatten und haben, war die Beerdigung unserer Mutter ein bewegender Moment der innigen Gemeinsamkeit. Es gab keinerlei Konflikte, sondern uns allen lag daran, ihr Leben zu feiern, miteinander und in Respekt vor ihrer Lebensleistung. Ich denke gern daran zurück, sicher auch, weil wir alle als Christinnen und Christen in gewisser Weise ihre Präsenz wahrgenommen haben. Mit uns, mit den Texten und Liedern, die sie ausgesucht hatte, mit den Enkeln und Urenkeln war sie da, mitten unter uns.

Sicher, es gibt Konflikte zwischen Kindern, das kann und will wohl niemand leugnen. Und das fängt schon früh an. „Im Durchschnitt geraten Drei- bis Siebenjährige dreieinhalb Mal pro Stunde aneinander", so eine Studie der Universität von Illinois. „Zwischen zwei und vier Jahren gibt es sogar alle zehn Minuten Krach."[11] Ja, klar, das ist anstrengend, vor allem für die Eltern, aber auch für die Geschwister. Ich erinnere mich an manche Auseinandersetzungen meiner Kinder untereinander, bei denen ich fast verzweifelt bin angesichts von Geschrei und knallenden Türen. Und doch: Es beheimatet mich, von Menschen zu wissen, die mich seit meiner Kindheit kennen – mit allen Stärken und Schwächen. Menschen, die dieselben

11 Julia Rothaas, Geschwisterhiebe, Süddeutsche Zeitung vom 9./10. April 2016, S. 50.

Familiengeschichten teilen oder sich auch um die Erinnerungen streiten, die so verschieden sein können.

Kindererziehung als Balanceakt

Ich weiß natürlich um den Druck, die Belastungen, die Spannungen, die Familie mit sich bringt. Als 2015 eine Soziologin aus Israel eine Studie veröffentlichte,[12] in der Frauen erklären, warum sie es bereuen, Kinder bekommen zu haben, gab es viele Diskussionen darüber. Es ist aber wichtig, darüber zu reden. Die bunten Reklamewelten, in denen hochattraktive Mütter ihre wunderbaren Kinder bei der Kita abgeben, in der Firma als Chefin agieren und abends als elegante Gesprächspartnerin mit Mann auf der Party stehen, sind eine absolute Überforderung. Mütter sollen alles können, jederzeit, und sich perfekt mit ihren Kindern in die Arbeitswelt eingliedern. Und dann gibt es all diese Ratschläge, wie sie sich zu verhalten haben.

Eine meiner Töchter sagte mir, die Hebamme habe erklärt, sie müsse schon spüren, dass der Säugling Hunger habe, bevor der überhaupt anfange, zu quengeln. Du meine Güte! War früher das Ziel, den Willen des Kindes zu brechen, Kinder einzuschränken und in das Leben der Erwachsenen einzuordnen, so scheint moderne Pädagogik nicht mehr die Gefühle und Bedürfnisse der Eltern zu sehen, sondern nur noch die des Kindes. Es muss doch ein Erziehen geben, das dazwischenliegt!

Ja, manche Menschen haben keine Kinder. Doch ich denke, auch für sie gilt: Familie ist anstrengend, aber auch etwas ganz Wunderbares. Denn wir alle haben in irgendeinem Sinne Familie. Sie gibt dir auch den Rhythmus des Lebens mit.

Als meine Mutter starb, waren neben uns Kindern zehn Enkel und vier Urenkel dabei. Heute sind es bereits neun Urenkel und

---

12 Orna Donath, #regretting motherhood. Wenn Mütter bereuen, München 2015.

es scheint, als haben unsere Kinder durchaus Freude an eigenen Kindern, sodass es gewiss noch mehr werden. Und in so einer Familie werden die großen Erzählungen des Lebens dann weitergegeben.

Mir ist einmal vorgeworfen worden, ich würde Familie idealisieren. Ja, ich weiß, Familie kann auch anstrengend, belastend sein, es gibt furchtbare Familien. Und mir ist bewusst, dass Menschen auch ohne Kinder glücklich leben können. Aber es bleibt für mich die Lebensform, die ich wunderbar finde, und ich meine, auch das muss gesagt werden dürfen.

Von Generation zu Generation

Noch einen weiteren Aspekt von Kindheit und Familie möchte ich beleuchten: Besonders interessant scheint mir, dass in letzter Zeit vermehrt erforscht wird, wie sich Kriegstraumata über Generationen hinweg auswirken. Meine beste Freundin ist Kinder- und Jugendtherapeutin. Sie lebt auf einem alten Bauernhof, der seit Generationen im Besitz ihrer Familie ist, und kann sich nicht vorstellen, ihn zu verlassen. In ihr sitzt der von jeher überlieferte Gedanke fest, dass Haus und Land erhalten werden müssen.

In meiner Geschichte wurde die Erzählung „Als wir Pommern verlassen mussten" tradiert. Ich selbst bin 16-mal umgezogen und konnte immer gut den Staub von meinen Füßen schütteln und irgendwo neu anfangen. Wir haben uns oft über diese so verschiedenen Erzählstränge und ihren Einfluss auf uns unterhalten. Familie prägt uns im Guten wie im Schlechten. Niemand wird sich jemals komplett von seiner familiären Herkunft lösen können, auch wenn er es will. Selbst in der Abgrenzung findet sich ja noch die Spur der Herkunft und selbst Adoptivkinder suchen diese Verwurzelung.

Sabine Bode hat in einem spannenden Buch[13] die 1950er-Jahrgänge beschrieben, zu denen auch meine Schwestern und ich gehören. Eine meiner Schwestern hat es mir geschenkt, nachdem wir über unsere Eltern gesprochen hatten. Mich hat die Lektüre sehr bewegt, denn in vielen Beschreibungen konnte ich das Verhalten meiner Eltern wiedererkennen – und auch mein eigenes! Ich hatte zwar nie den Eindruck, dass die Kriegserfahrungen bei uns zu Hause bewusst verschwiegen wurden, kann aber wenig über die Erlebnisse meines Vaters sagen. Er hat kaum darüber gesprochen. Alle Kraft wurde dem Aufbau gewidmet, den Kindern, dem Betrieb, dem Hausbau. Meine Mutter erzählte zwar von Pommern, von der Flucht, der Internierung in Kopenhagen – aber erst sehr spät, in hohem Alter, berichtete sie einmal mit großer Scham, dass sie als junges Mädchen für Hitler geschwärmt habe. Sicher hatten die Kriegserlebnisse unserer Eltern tiefen Einfluss auf sie – und damit auf uns als Kinder.

Eine besondere Entdeckung war für mich Sabine Bodes Beschreibung der Auswirkungen des Buches von Johanna Haarer: „Die deutsche Mutter und ihr erstes Kind"[14]. Dieses Werk hat das Erziehungsverhalten von Millionen Eltern beeinflusst, nicht nur in der Nazi-Zeit, sondern bis weit in die 50er-Jahre hinein. Es wird von Frau Haarer geraten, Säuglinge schreien zu lassen, nicht mit Kleinkindern zu spielen und das Kind im Laufgitter sich selbst zu überlassen. Aus den Kindern sollte „etwas werden". Bode schreibt: „Bei den meisten meiner Gesprächspartner ist das der Fall – trotz der Verunsicherungen und Ängste, deren Spuren sie noch heute in sich tragen und von denen sie freimütig und ohne Larmoyanz berichteten. Doch wie viel

---

13 Sabine Bode, Nachkriegskinder. Die 1950er Jahrgänge und ihre Soldatenväter, Stuttgart 2011.
14 Vgl. Sabine Bode, ebd., S. 221 ff.

Anstrengung es ihnen abverlangte, um zu erreichen, was sie erreicht haben …"[15]

Als ich einem Freund davon erzählte, erinnerte er sich spontan, dass seine Mutter das Buch von Johanna Haarer unter dem Wickeltisch liegen hatte. Wir wurden also erzogen, wie die Nationalsozialisten sich das vorstellten: hart zu sich selbst und opferbereit. Ich bin dankbar, dass die Pädagogik sich seitdem so radikal gewandelt hat. Mir ist bewusst, dass unsere Eltern es gewiss gut meinten, unserer Generation damit aber bestimmte Verhaltensmuster mit auf den Lebensweg gaben. Durchhaltevermögen und Belastungsfähigkeit sind sicher positive Seiten dieser Erziehung. Aber wie Bode schreibt, ist auch klar, „dass eine frühe Kinderdressur tiefe, vertrauensvolle Beziehungen und damit ausreichend Vertrauen ins Leben gar nicht erst wachsen lassen"[16]. Mich hat das nachdenklich gemacht. Fehlt meiner Generation und der meiner Eltern das Vertrauen ins Leben? Hat vielleicht der christliche Glaube bei mir deshalb den wichtigen Part dieses Vertrauensvorschusses eingenommen?

Natürlich hat sich meine Generation von diesen Einflüssen nicht einfach so befreit. Wir sind ja beeinflusst von den Geschichten unserer Eltern und Großeltern.

Michael Schneider und Joachim Süss haben ein weiteres Buch unter dem Titel „Nebelkinder"[17] herausgegeben, das die Auswirkungen des Krieges auf die Enkel beschreibt. Für mich faszinierend schildert Joachim Süss in diesem Buch seine Kindheit in Stadtallendorf, der Stadt, in der auch ich aufgewachsen bin. Es ist und bleibt eine seltsam zusammengewürfelte Stadt. „Nebelkinder" beschreibt für ihn ein Lebensgefühl in

---

15 Ebd. S. 223.
16 Ebd.
17 Michael Schneider/Joachim Süss (Hg.), Nebelkinder. Kriegsenkel treten aus dem Traumaschatten der Geschichte. Mit einer Einführung von Sabine Bode, Berlin 2015.

den 70er-Jahren dort. Einerseits blieb im Nebel und somit verschleiert, was sich dort, wo in den 50er-Jahren Stadtallendorf entstand, zehn Jahre zuvor abgespielt hatte: Zwangsarbeit, Rüstungsproduktion, Munitionsdepots. Andererseits wurde wenig darüber gesprochen, was die Menschen, die aus Pommern, Schlesien, dem Sudetenland und Ostpreußen im Krieg und auf der Flucht erlebt hatten. Er schreibt: „Die Nabelschnur zu den Vorfahren war durchtrennt. Wir wurden beinahe ohne Geschichte groß.“[18]

Wie gesagt, ganz so entwurzelt wie Joachim Süss habe ich es nicht wahrgenommen, weil die Geschichten aus Pommern meine Kindheit so stark prägten. Da war überhaupt keine durchtrennte Nabelschnur, sondern das Alte war sehr nahe, fast greifbar präsent. Aber die beiden genannten Bücher haben mir noch einmal bewusst gemacht, wie sehr wir alle geprägt sind von den Erzählungen unserer Familien. Und natürlich entsteht für mich als Mutter und Großmutter die Frage, welche Erzählungen denn die nachfolgenden Generationen beeinflussen werden. Welche Geschichten und welche Bilder will ich weitergeben? Wie können die nachfolgenden Generationen Kraft und Ermutigung erhalten durch die Erfahrungen der nun alten Generation?

Und mir stellt sich die Frage, wie Familien, die heute aus Kriegsgebieten in aller Welt nach Deutschland zuwandern, ihre Traumata bewältigen werden. Da spiele ich mit Kindern aus Somalia. Deren Eltern leben im Flüchtlingsheim und wissen noch immer nicht, ob sie bleiben können. Wie nehmen die Kinder die Eltern wahr, wie ihre Umgebung? Was haben sie auf der Flucht gesehen und erlebt? Auch sie werden zwei, drei Generationen brauchen, um ihre Traumata zu bearbeiten, um sich in der Familie zu verorten, nachzuvollziehen, was sie so sehr

18 Ebd. S. 35.

geprägt hat. Die Flüchtlinge, die heute nach Deutschland kommen, sie sollen sich integrieren. Aber das können sie nur mit ihren Geschichten. Sie müssen sie erzählen können, die Erfahrungen von Vertreibung und Flucht, von Angst und Vergewaltigung. Aber sie finden allzu selten Orte dafür.

Und die Familien, sie sind oft so auseinandergerissen. Ich denke an eine junge Frau, die verloren am Berliner Hauptbahnhof stand. Sie schien mir russisch zu sprechen und wollte nach Spandau. Ich habe sie zur S-Bahn gebracht und begriffen, dass sie gar nicht lesen kann. Später dachte ich, ich hätte ihr meine Handynummer geben sollen, nur für den Fall, dass sie in die Hände von Menschenhändlern geraten ist, die sie in die Prostitution zwingen.

Biblische Familien

An der Bibel fasziniert mich neben vielem anderen, dass Familie überhaupt nicht idealisiert wird. Das gilt auch für Jesus und seine Familie.

Maria, Josef und das Kind in der Krippe – eine Familienszene, die weltweit bekannt ist, in die Menschen an vielen Orten ihr eigenes Erleben hineininterpretieren. Ich denke an die Muttergefühle Marias, die am Anfang von dem Erleben verunsichert ist und dann bis zum Schluss dabeibleibt, ihren sterbenden Sohn am Kreuz leiden sieht. Josef, der bei der Geburt und bei der vom Evangelisten Matthäus erzählten Flucht eine wichtige, schützende Rolle als Vater spielt. Die Eltern, die verwirrt sind, als ihr Sohn beginnt, im Tempel zu lehren, er, das Zimmermannskind aus einfachen Verhältnissen. Und dann schließlich die Zurückweisung Jesu, als Mutter und Geschwister ihn abholen wollen und er erklärt, nun seien seine Freundinnen und Freunde die neue Familie für ihn. Immer wieder haben sich Väter und Mütter, Söhne und Töchter mit dieser Geschichte auseinandergesetzt, sich damit identifiziert, sich in sie hinein-gedacht. Auch die Familie Jesu ist keine einfache, sorgenfreie Familie, das macht sie sympathisch, finde ich. Denn so zeigt die Bibel, was es bedeutet, dass Jesus auch „wahrer Mensch" war. Er kennt auch die Auseinandersetzung mit Eltern und Geschwis-tern, die Angst der Eltern um den Sohn, ihre Liebe – auch in schweren Zeiten.

Eine besonders schöne Geschwistergeschichte in der Bibel ist die von Jakob und Esau. Ihre Eltern Isaak und Rebekka sind überglücklich über die Geburt der Zwillinge. Aber wie das Le-ben so spielt, zieht der Vater Esau vor, die Mutter Jakob. Da Esau als Erster geboren ist, gebührt ihm der Segen des Vaters. Mit einer List der Mutter erschleicht sich Jakob diesen Segen und muss danach fliehen, aus Angst vor der Rache des Bruders.

Mit zwei Ehefrauen, zwei Geliebten und daraus hervorge-gangenen 12 Söhnen und einer Tochter wird Jakob Vater einer Großfamilie – mit einer wahrhaft bewegenden Geschichte von Neid und Verrat, Versöhnung und Neuanfang. Eines Tages muss er aufbrechen und in die Richtung ziehen, in der sein Bru-der Esau wohnt. Seit jenem Betrug hat er ihn nicht mehr gese-hen. In der Bibel heißt es:

Jakob aber schickte Boten vor sich her zu seinem Bruder Esau ins Land Seïr, in das Gebiet von Edom, und befahl ihnen und sprach: So sprecht zu Esau, meinem Herrn: Dein Knecht Jakob lässt dir sagen: Ich bin bisher bei Laban lange in der Fremde ge-wesen und habe Rinder und Esel, Schafe, Knechte und Mägde und habe ausgesandt, es dir, meinem Herrn, anzusagen, damit ich Gnade vor deinen Augen fände. Die Boten kamen zu Jakob zurück und sprachen: Wir kamen zu deinem Bruder Esau, und er zieht dir auch entgegen mit vierhundert Mann. Da fürchtete sich Jakob sehr und ihm wurde bange. (1. Mose 32,4–8)

Er hat Angst, das ist verständlich. Wird Esau mit vierhundert Mann kommen und Rache nehmen? Das wäre zu erwarten, geradezu verständlich. Aber dann kommt es ganz anders:

> *Jakob hob seine Augen auf und sah seinen Bruder Esau kommen mit vierhundert Mann. Und er verteilte seine Kinder auf Lea und auf Rahel und auf die beiden Leibmägde und stellte die Mägde mit ihren Kindern vornean und Lea mit ihren Kindern dahinter und Rahel mit Josef zuletzt. Und er ging vor ihnen her und neigte sich siebenmal zur Erde, bis er zu seinem Bruder kam. Esau aber lief ihm entgegen und herzte ihn und fiel ihm um den Hals und küsste ihn und sie weinten. (1. Mose 33,1–4)*

Die beiden Männer fallen sich um den Hals – Blut ist dicker als Wasser, wie der Volksmund sagt. Sie sind sich so nahe gewesen, schon im Mutterleib, in ihrer ganzen Kindheit, dass nach all dem Zorn und der Enttäuschung, die Esau umgetrieben haben, nach all dem schlechten Gewissen, das Jakob hatte, nun doch die Verbundenheit, ja, die Geschwisterliebe stärker ist als die Auseinandersetzung der Vergangenheit. Das ist ein gutes biblisches Beispiel, wie Menschen über ihre Grenzen gehen können, denke ich. Und es zeigt, wie gut es tut, ruhen zu lassen, was war, um einen Weg in Frieden nach vorn zu finden.

Die eigenen Eltern

Mit vielen anderen aus meiner Generation habe ich den Eindruck, je älter wir werden, desto nachsichtiger schauen wir auf unsere eigenen Eltern, wie es der WhatsApp-Post oben ja zeigt. Es ist Teil der Jugend, die eigenen Eltern kritisch zu sehen. Heute ist das sicher anders, nie hat eine junge Generation die Eltern derart wertgeschätzt. Und doch gibt es den Drang, es „besser zu machen". Wenn wir älter werden, verstehen wir, dass auch unsere Eltern nicht immer Wahlfreiheit hatten, dass sie Kinder ihrer Zeit und deren Wertvorstellung waren.

Ich habe einen guten Freund, der, solange ich ihn kenne, gedanklich mit dem Vater gerungen hat, der früh verstorben war. Dieser hatte die Mutter und die Kinder geschlagen. Er, der älteste Sohn, hatte versucht, dazwischenzugehen, und die ganze Ohnmacht des Kindes erlebt. Der Vater galt als verachtungswürdig, wurde geradezu tabuisiert in der Familie, die Mutter blieb für die Kinder die heroische Figur – und das war sie gewiss auch. Aber mit zunehmendem Alter kommen neue Überlegungen: Warum war er so? Wie ist er erzogen worden, dass er meinte, sich mit Gewalt Respekt verschaffen zu müssen? Was hat er in seiner Kindheit erlebt? Oder war es das eigene Ohnmachtsgefühl, die Familie nicht ernähren zu können, das ihn antrieb, mit solcher Härte vorzugehen?

Es ist nicht nur so, dass uns das Alter nachsichtiger macht, denke ich. Wir begreifen auch immer besser, wie viele Faktoren ein Menschenleben beeinflussen. Natürlich kannst du vieles gestalten. Aber vieles hängt auch davon ab, wo du geboren und wie du erzogen wurdest, welche Bildungschancen dir offenstanden und welche Bilder dir vom guten Leben vermittelt wurden. Ich denke, die sogenannten „68er" hatten recht, als sie ihre Eltern befragten, wo sie waren in Nazi-Deutschland, in der Armee, als Juden, Kommunisten und Homosexuelle abtransportiert wurden. Aber sie hatten unrecht, als sie sie gnadenlos verurteilten, denn auch sie haben kein perfektes Leben geführt. So manche Kinder von ehemaligen „Kinderladenbewegten" rechnen heute selbst mit den Eltern ab. Sie hadern damit, dass man ihnen im Namen der Freiheit letztlich doch die Freiheit nahm.

Worum es geht, ist doch, dass sich Eltern den Fragen der Kinder stellen.

Ich habe versucht, mein Bestes als Mutter zu tun – aber eine perfekte Mutter war ich gewiss nicht. Und ich stelle mich den Fragen, die damit einhergehen, auch wenn es wehtut.

Als Tochter ärgere ich mich heute noch, dass ich in einem Interview einmal gesagt habe, dass es eher meine Mutter als mein Vater war, die uns Kindern „mal eine gelangt" hat. Meine Mutter hat das umgetrieben. Wir haben darüber geredet und sie sagte, das täte ihr heute leid, es sei ihr nie bewusst gewesen. Dieses Gespräch war gut, aber es hätte nicht aus einer öffentlichen Äußerung von mir erwachsen müssen.

Eine meiner Töchter ärgert sich, dass es ein offizielles Foto vor meiner Wahl als Landesbischöfin im Jahr 1999 gibt, bei dem sie mit Kaninchen im Arm zu sehen ist. Damals war ich selbst medienunerfahren, habe mir nichts dabei gedacht. In Zeiten von Facebook und Internet verstehe ich aber ihre Kritik. Sie konnte nicht wirklich „Nein" sagen – und ich hätte langfristiger denken müssen.

Wenn wir offen darüber reden, können wir uns gegenseitig verstehen. Es geht ja nicht um fundamentale Kritik, sondern darum, dass Eltern benennen, was ihre Gründe und Motive für ihr Handeln waren. Manchmal muss man zugeben, dass die damals getroffenen Entscheidungen aus heutiger Sicht falsch gewesen sein könnten. Und es ist wichtig, dass Kinder ihre Kritik äußern, aber dabei auch offen dafür bleiben, zu hören, wie und warum manches „damals so war".

Vielleicht werden wir auch nachsichtiger mit den eigenen Eltern, wenn wir älter werden, weil wir nicht umhinkönnen, die eigenen Fehler im Leben zu sehen. Und wir werden nachsichtiger mit den nachwachsenden Generationen, weil wir ja auch alles besser machen wollten als die Alten. Ein bisschen Humor ist da gewiss hilfreich!

Der Glaube der Eltern

Mehrfach heißt es in der Bibel: *Ich bin der Gott deines Vaters, der Gott Abrahams, der Gott Isaaks und der Gott Jakobs.* (2. Mose 3,6) Damit war für das Volk Israel, für Jüdinnen und Juden, klar, von welchem Gott die Rede war. Der Gott, der schon die Väter und Mütter im Glauben begleitet, ihnen auf dem Lebensweg Rat gegeben hatte, gab sich ihnen zu erkennen, wenn sie nach ihm fragten.

Aber auch mit Blick auf die Geschichte des Volkes Israel zeigt sich Gott als verlässlich, als der, dessen Taten wir aus den Erzählungen kennen: *Ich bin der Herr, dein Gott, der ich dich aus Ägyptenland, aus der Knechtschaft, geführt habe.* (2. Mose 20,2) Wenn wir die alten Geschichten lesen, geht es darum, die Erfahrungen der Generationen vor uns mit hineinzunehmen in das eigene Leben, den eigenen Glauben.

Erinnere dich, gedenke! Mir ist es wichtig, diese Geschichten zu erzählen. Viele Kinder heute wissen ja gar nichts mehr von Abraham, Isaak und Jakob, von Sarah, Rebekka und Rahel oder auch von Maria, Josef und Jesus. Gefragt, wer denn der Gott ihrer Eltern sei, könnten sie nicht antworten. Dabei ist es doch auch wichtig, zu wissen, wo meine Eltern den Grund ihres Lebens, ihre Orientierung, ihren Halt finden. Kinder haben durchaus existenzielle Fragen! Und sie sollten mit ihrer Suche nach Antworten nicht auf Kita oder Schule, Kommunions- oder Konfirmandenunterricht verwiesen werden.

Mir ist es deshalb sehr wichtig, die alten Geschichten des Glaubens weiterzuerzählen. Das nimmt Kinder hinein, gibt ihnen die Sicherheit, ihren eigenen Platz in dieser Tradition zu finden und bestärkt so ihre Seele. Die Geschichten von Angst und Scheitern, Auseinandersetzung und Suche nach Zukunft sind am Ende getragen von Gottvertrauen. Das zu wissen, tut so unendlich gut. Zudem: Unsere Kultur, Architektur, Literatur ist doch gar nicht zu verstehen, wenn wir diese Berichte nicht kennen. Deshalb habe ich immer wieder dafür plädiert, auch in kommunalen Kindertagesstätten biblische Geschichten zu erzählen. In einem Boot voller Tiere die Arche Noah zu erkennen, in einem Mann am Kreuz Jesus Christus zu sehen, das ist nicht nur eine Frage des Glaubens, sondern auch eine Frage der Bildung.

Ich habe viel über Familie und Beziehung geschrieben, über Kindererziehung und Glück, offene Fragen und viele Möglichkeiten. Ein weiteres, sehr wichtiges Thema unserer Zeit möchte ich noch näher beleuchten:

Sehnsucht nach Beziehung

Leiden die einen unter ihrer Beziehung, so haben die anderen Sehnsucht danach. Alleinleben, „Singlesein" wird als Makel empfunden. Da fragt dann auch noch die alte Tante beim Familienfest: Und, hast du immer noch keinen Freund?

Ohne Partner zu leben, scheint vielen offenbar eher ein defizitäres Leben zu sein, als in einer belastenden Beziehung zu stecken. Und weil es heute gar nicht so leicht ist, spontan jemanden kennenzulernen, boomen Partnerschaftsagenturen. Jeden Tag komme ich derzeit in Berlin an einem Plakat vorbei: „Alle 11 Minuten verliebt sich ein Single bei Parship!" Was für ein Versprechen! Von denjenigen, die solche Internetdatings ausprobiert haben, höre ich eher, wie schwierig es ist. Zwei haben interessanten Mailkontakt, debattieren vielleicht über Kultur und aktuelle Kinofilme – und auf einmal kommt die Frage: Sex heute Abend? Oje, da waren die Erwartungen völlig unterschiedlich. Da chattest du ganz nett mit jemandem, es werden Fotos ausgetauscht und danach hörst du nie wieder etwas – uff, wie wenig attraktiv bin ich denn? Du hast dich mit jemandem verabredet, siehst ihn im Café am Fenster sitzen, hast aber schon keine Lust mehr, ihn zu treffen, weil er schon rein äußerlich überhaupt nicht deinen Erwartungen entspricht. Um nicht unhöflich zu sein, trinkst du einen Kaffee mit ihm.

Der Druck ist ungeheuer groß, wenn zwei sich treffen, die beide wissen: Wir suchen eine Partnerschaft. Wie viel leichter ist spontanes Kennenlernen bei Freunden, auf der Arbeit, ein Annähern, bei dem niemand das Gefühl hat, irgendwie unzulänglich zu sein, wenn es nicht zu „mehr" führt. Auch hier gilt: Aussprechen, mit anderen darüber reden, vielleicht darüber lachen, das entlastet!

Wie viel einfacher ist es, einem Menschen zu vertrauen, den du schon kennst. Vor einiger Zeit habe ich meine erste große Liebe wiedergetroffen. Wir hatten uns fast vierzig Jahre lang nicht gesehen. Aber als wir uns nach diesem unvorhersehbaren, spontanen Treffen wiedergesehen und zu einem Abendessen verabredet hatten, erschien es so leicht, an Früheres anzuknüpfen. Du kennst dich halt, du weißt um die Familie des Gegenübers, teilst bestimmte Geschichten. Das, was sich Menschen erst mühsam erarbeiten müssen, die sich neu kennenlernen, ist für diejenigen, die eine frühe Vergangenheit teilen, wesentlich leichter.

Für manche erfüllt sich diese Hoffnung auf eine Partnerschaft oder eine neue Partnerschaft nicht. Eine Frau sagte mir neulich, sie habe zehn Jahre gebraucht, um zu sehen: Das ist doch auch ein gutes Leben, das ich momentan führe. Zwar ohne Partner, aber mit Freundinnen und Freunden, vielen Aktivitäten. Wer immer nur meint, es fehlt etwas, verpasst Zeiten, in denen er oder sie glücklich sein könnte, auch wenn es kein Leben als Paar gibt. Eine Freundin meinte kürzlich, sie gehe nicht gern zu Festen oder offiziellen Anlässen, weil sie immer allein sei und nur Paare um sie herum. Das ist eine selektive Wahrnehmung. Es stimmt schon, es ist leichter für Paare, ihnen ist das oft gar nicht bewusst. Wer allein kommt, muss sich Gesprächspartner suchen. Aber längst nicht alle kommen zu zweit und nach meiner Erfahrung wird niemand merkwürdig angesehen, der ohne Partner anwesend ist. Bei mir war das viele Jahre so, dass ich bei kirchlichen und anderen Empfängen allein war, es hat mir im Grunde nichts ausgemacht.

Wer ohne Partner, ohne Partnerin lebt, muss das eigene Leben nicht als defizitär ansehen. Und wer mit Partner oder Partnerin lebt, ist nicht automatisch glücklicher. Ich wünschte, manche würden die innere Freiheit finden, zu sagen: Es ist jetzt gut so und nicht darauf warten, dass etwas anders wird.

Begann das Kapitel mit einer alten Serie, so soll es auch mit einem Film enden: „Im August in Osage County" (2013). Der Film ist nichts für zarte Seelen. Meryl Streep als alternde Mutter, Julia Roberts als eine von drei Töchtern, denen beim Essen aus Anlass der Beerdigung des Vaters nichts geschenkt wird. Letzten Endes deckt die Mutter auf bösartige Weise die Schwachstellen der Töchter auf. Der einen scheitert die Ehe, die zweite hängt sich ständig an Männer, die mehr scheinen, als sie sind, und der dritten zerstört sie die zarte, gerade erst wachsende Beziehung, indem sie brutal enthüllt, dass es sich bei dem so unsicheren Geliebten um den Halbbruder handelt. Am Ende verlassen alle drei Töchter die Mutter.

Der Film zeigt, was Menschen, die sich eigentlich lieben, einander antun können. Wer eine Familie hat, sich zur eigenen Familie stellt, macht sich verletzbar – gegenüber den Eltern, mit Blick auf Partnerin und Partner, hinsichtlich der Kinder und Enkel. Und doch ist und bleibt Familie etwas Wunderbares. Sie kann Halt geben in schweren Zeiten. Sie kann der Hafen sein, in dem du festmachen kannst, wenn du nicht weißt, wohin du noch segeln kannst. Und am Ende erweist sich immer wieder, dass auf die Familie in schweren Zeiten Verlass ist.

4

Das Leben ist endlich – wer will schon an so was denken?

Altwerden ist in der Tat nichts für Feiglinge

How fragile we are" (wie verletzbar – oder auch zerbrech-lich – wir sind), singt Sting in einem Lied, das er 1987 komponiert und dem amerikanischen Ingenieur Ben Linder gewidmet hat. Linder wurde von den sogenannten Contras ermordet, als er an einem Entwicklungsprojekt in Nicaragua arbeitete. Das Lied wurde später für einen Film verwendet, der die Invasion der USA in Panama 1989 dokumentiert.

On and on the rain will fall like tears from a star,
like tears from a star
On and on the rain will say how fragile we are,
how fragile we are

Er hat dieses Lied Jahre später, am 11. September 2001, bei einem Konzert in Italien gesungen und es an diesem Tag den Opfern des Terrorattentats in New York gewidmet. Ebenso aber können wir es auf jede Lebenssituation beziehen, in der uns unsere Verletzbarkeit bewusst wird. Wir können versuchen, uns abzusichern, wir können hohe Zäune ziehen, gesund leben, unsere Kinder behüten – und doch kann von einem Moment auf den anderen alles zusammenbrechen. Davor gibt es keinen absoluten Schutz.

Ich sehe meine Tochter mit ihrem neugeborenen Sohn vor mir und wie sie fast verzagt, weil sie ihn so sehr beschützen möchte vor allem Schlechten und Schlimmen in der Welt und doch weiß, dass sie das am Ende nicht kann.

Von der Würde des Alters

Der Titel der Biografie von Joachim Fuchsberger, Altwerden ist nichts für Feiglinge, ist sehr gut gewählt, finde ich! Joachim Fuchsberger erzählt mit einer gewissen Heiterkeit und Leichtigkeit aus seinem Leben und auch über die Beschwernisse des Altwerdens. Besonders unterhaltsam sind seine Beschreibungen von Journalistenfragen nach seinem Befinden oder auch seiner Einstellung zum Tod. Als würden sie erwarten, demnächst ihren wahrscheinlich längst verfassten Nachruf dann endlich veröffentlichen zu können. Er schreibt: „Die Jahre fordern ihren Tribut. Bei jedem! Die Frage ist vielmehr, wie geht man damit um? Versteckt man die immer deutlicher werdenden Unzulänglichkeiten: Schwerhörigkeit, Gleichgewichtsstörungen, Gliederschmerzen, nachlassendes Reaktionsvermögen, Schlaflosigkeit, Entscheidungsunsicherheit, Sehschwierigkeiten und was es sonst an Alterserscheinungen gibt, oder akzeptiert man das alles möglichst klaglos und versucht, aus dem natürlichen Verfall das Beste zu machen? Sich damit abfinden bedeutet nicht, sich aufzugeben und passiv dem unbestimmten und unbekannten Ende entgegenzujammern. Im Gegenteil! Wir Alten sind besser dran, einen für andere und uns selbst erträglichen Kompromiss zu finden. Irgendwo zwischen unintelligenter Koketterie, die uns der Lächerlichkeit preisgibt, und dem Versuch, mit Anstand und Würde alt zu werden. Diese Würde ist jedem von uns gegeben. Diese Würde ist kein materieller Wert, hat nichts zu tun mit Arm oder Reich. Sie sollte die Summe dessen sein, was dir im Leben beschieden war und was du daraus gemacht hast.“[IV]

Das ist meines Erachtens der angemessene Zugang zu unserem eigenen Altwerden. Zum Glück können wir heute über manches lachen. Altwerden heißt nicht, aus dem Leben heraus-katapultiert zu werden. Die sogenannten „jungen Alten" sind noch recht fit, können aber schon die Vorteile genießen, die sich daraus ergeben, beruflich nicht mehr so eingebunden zu sein. Alt werden ist nicht mehr nur negativ besetzt. Es hat schlicht auch viele Vorteile, die „Rushhour" des Lebens überstanden zu haben und manches gelassener angehen zu können.

Aber in unserer westlichen, konsumorientierten Kultur gibt es schlicht einen Jugendkult. Oh, ich liebe vieles an der Freiheit der Gesellschaft, in der ich leben darf. Aber diese alleinige Wert-schätzung der Jugend halte ich für einen Fehler. Dabei finde ich junge Menschen wunderbar. Wenn in einem Film eine junge Frau oder ein junger Mann in der Blüte ihres Lebens zu sehen sind, kann mich das begeistern. Ich bin niemand, der verbissen versucht, jung auszusehen. Ich kann mich daran freuen, wenn Menschen auf ihre eigene Art schön sind, so, wie das nur in der Jugend möglich ist. Mir erscheint es aber eher lächerlich, wenn ältere Menschen alles daransetzen, eine Figur und ein falten-loses Gesicht zu haben wie jemand, der Jahrzehnte jünger ist.

Kurz vor dem 60. Geburtstag erlebe ich auch die Einschrän-kungen, die das Altwerden mit sich bringt. Manchmal kann ich darüber lachen. Meine Tochter joggt auf Usedom vom Strand locker die 115 Stufen der Steilküste hoch, während ich abwinke. Ich bin schon froh, dass ich bis hierher mithalten konnte, und rufe ihr hinterher: „Geh ruhig schon mal duschen." Dann gehe ich zumindest zügig die Treppe hinauf. Aber manchmal denke ich auch: Es wäre schön, noch einmal 25 zu sein!

Am Bahnhof fragt mich eine junge Frau freundlich, ob sie mir den Koffer die Treppe hinauftragen soll. Ich stutze – eine junge Frau? Wäre es ein junger Mann, könnte ich sagen, er ist wohler-zogen, und es ist eine sympathische Geste gegenüber einer Frau. Aber so ist es eine höfliche Geste dem Alter gegenüber. Das ist ja wirklich schön und auch nett. Und ich sollte es nicht abwehren mit dem Satz: „Das schaff ich schon noch allein." Also habe ich freundlich „Danke" gesagt ... und gedacht: Oje, jetzt bist du wirklich alt!

Warum aber soll das denn eigentlich schlimm sein? Es ist auch toll, alt zu sein. Ich kann eben mal sagen: Ich schaffe das nicht. Und ich muss mich nicht stressen, ob ich bei Runtastic einen neuen Rekord einstelle, sondern ich freue mich darüber, dass ich überhaupt noch joggen kann. Alt werden nimmt dir den Druck, permanent etwas leisten zu müssen. Du musst auch nicht ständig überlegen, wohin der Weg gehen soll.

Ja, es hat auch viele Nachteile, denn mit dem Altwerden kommen vor allem körperliche Einschränkungen. Die Schweizer Theologin Marga Bührig hat mir vor vielen Jahren, als sie alt und ich jung war, ganz unverblümt gesagt: „Weißt du was: Alt werden ist Scheiße!" Irgendwie fand ich das auch klar und gut. Es gibt nichts zu deuteln, es ist toll, 25 zu sein. Aber die Nachteile des Alters stehen viel zu sehr im Vordergrund, finde ich. Ich sehe auch, dass es gute Tage gibt, die nicht so sehr vom Druck bestimmt sind, den junge Leute erleben. Und wenn mir, wie neulich, ein junger Mann sagt, es grusele ihn davor, so dazusitzen wie diese alten Leute, dann denke ich: Du hast keine Ahnung! Vielleicht geht es ihnen gut dabei, genau so, wie es ist.

Sicher, ich muss akzeptieren, dass manches nicht mehr so schnell geht, wie ich es mir wünsche. Und ich bin sehr dankbar, zu einer Generation zu gehören, die die Entwicklung der Medientechnologie nutzen kann. Mit meinen Töchtern und Enkeln zu chatten, zu skypen, Informationen abzurufen, bei Krankheit Lebensmittel online bestellen zu können – das ist wunderbar!

Es gäbe natürlich auch viel zu sagen über alle Technikversuchungen, den Stress, den sie mit sich bringen, und die Abgründe von Pornografie und Geldgeschäften im Internet. Aber es ist wie bei allen Möglichkeiten des Menschen – er kann sie nutzen zum Guten oder zum Schlechten. Jedenfalls finde ich manche Möglichkeiten, etwa die von Skype, großartig. Ich denke, meine Mutter, die mit 91 starb, hätte das geliebt, wäre es ihr noch möglich gewesen, sich in diese Technologie hineinzufinden. Insofern finde ich, meine Generation hat es gut. Wir können die Innovationen nutzen, die uns die Kommunikation erleichtern.

Gleichzeitig ist es eine Illusion, zu meinen, ewig fit und beweglich zu bleiben. Noch so viel Botox oder Fitnesskurse können nicht die schlichte Wahrheit übertünchen: Die Leistungsfähigkeit lässt nach. Und die Beschwernisse des Alters hat Joachim Fuchsberger ziemlich gnadenlos aufgezählt. Ich finde, mit dem Begriff der Würde trifft er den richtigen Ton. Die Würde des Alters aus der Summe des Lebens zu ziehen, ist für mich ein schönes Bild. Du bist nicht nur die alte Frau, sondern diejenige, die Kinder erzogen hat, beruflich ihre Frau stand, Beziehungen zu anderen Menschen pflegte. Aber natürlich auch die Person, die Fehler gemacht hat, bei der nicht alles nach Plan lief, die Verletzungen erfahren und wohl auch bei anderen hinterlassen hat.

Ein Freund fragte mich kürzlich, warum wir wohl im Alter beginnen, so viel an unsere Kindheit, an frühere Jahre zurückzudenken. Vielleicht ist die Antwort die, dass wir uns als Summe unseres Lebens erfahren – so, wie wir jetzt sind.

Am Ende ihres Lebens haben meine Schwestern und ich manchmal gestaunt, wie frohgemut unsere Mutter war. Sie hätte jammern können über die Last des Alters, Schmerzen und eine nachlassende Beweglichkeit. Aber sie hat eine enorme Dankbarkeit ausgestrahlt: dafür, dass sie Vögel beobachten konnte, wie sie auf dem Baum vor dem Fenster umherflatterten, dass ein Enkel bei ihr anrief, sie einen Brief erhalten hatte. Das bleibt mir ein Vorbild. So zu leben, macht zufrieden und strahlt auf andere positiv aus.

Lebensklugheit

Als die Fotos für das Cover dieses Buches gemacht wurden, fragte mich die Presseverantwortliche des Verlages, ob ich ein solches Buch eigentlich vor dreißig Jahren hätte schreiben können. Ich denke, nein. Auch damals als junge Pastorin wurde ich durchaus ernst genommen, als Seelsorgerin bei Gottesdiensten, Taufen, Trauungen und Beerdigungen. Es hat mich oft beeindruckt, wie Menschen dann der kirchlichen Amtsperson vertrauen, wenn sie hilft, eine Umbruchsituation im Leben zu gestalten. Aber im Rückblick denke ich: Das war doch oft auch dünnes Eis, auf dem ich gegangen bin. Mit Ende 20 sprichst du über das Leben und seine Höhen und Tiefen, ja, Untiefen, wie jemand, der von Weltmeeren erzählt, ohne je sein Gebirgsdorf verlassen zu haben.

Andere Gesellschaften schätzen das Alter wesentlich mehr als die unsere. Bei einer Reise durch mehrere Länder Asiens fiel mir das auf. Beim Besuch eines Saatgutprojektes von „Brot für die Welt" in Bangladesch, das vor allem Frauen fördert, waren viele bildhübsche junge Frauen engagiert dabei. Mit hohem Respekt haben sie die alten Frauen reden lassen, bedienten sie als Erste, ließen ihnen auf eine anrührende Weise den Vortritt – in all der Armut. Bei uns sind insbesondere alte Frauen selten in der Öffentlichkeit zu sehen. Aber manchmal schimmert etwas davon auf, dass auch wir ihre Lebenserfahrung schätzen.

Unvergessen bleibt mir ein Auftritt von Inge Meysel bei „Wetten, dass …?", den ich vor vielen Jahren mit meinen Töchtern gesehen habe. Eingeladen hatte Thomas Gottschalk zwei als „Party-Stars" angekündigte Damen, Jenny Elvers und Ariane Sommer. Dann kam der Auftritt der 91-jährigen Inge Meysel im „kleinen Schwarzen", mit faltigem Gesicht, Hütchen und einem unschlagbaren Humor. Sie hielt die Hände unter ihren Busen und sagte: „Bei mir ist noch alles echt!", und fragte dann: „Soll ich mich ausziehen?" Ich fand das sooo witzig. Weil die alte Dame schlicht Profil zeigte, Weiblichkeit im besten Sinne und das Selbstbewusstsein einer in der Tat alten, aber sehr attraktiven Frau. Toll, bewundernswert und ein Vorbild, gegenüber dem die Jungen schlicht blass wirkten. So eine Frau ermutigt doch, wenn wir all die Anzeigen sehen, was wir tun könnten, um den Bauch zu straffen, die Falten zu glätten. Mir jedenfalls imponiert sie mehr als eine Frau, die 60 ist, aber bei der keine Zeichen ihres Lebens im Gesicht zu erkennen sind. Das wirkt für mich merkwürdig verzerrt.

Mit Würde altern, das ist doch auch für die Jungen wichtig zu sehen. Wer wie der Popstar Madonna ständig versucht, mit fast 60 noch mit den 30-Jährigen zu konkurrieren, wirkt irgendwann krampfig, das merken auch die Fans. Und wenn der 70-jährige Komponist Ralph Siegel seine 33-jährige neue Freundin Laura Käfer präsentiert und diese erklärt: „Die 37 Jahre Altersunterschied spielen bei uns keine Rolle", ist das schlicht Illusion. Würde strahlen für mich Menschen aus, die mit ihrem Alter im Einklang leben und nicht alles tun, um jünger zu wirken, oder gar selbst meinen, jünger zu sein. Und vielleicht gewinnt das ja in unserer Gesellschaft wieder an Respekt, weil doch immer klarer wird: Jugendwahn macht weder schön noch ein schönes Leben. Die 91-jährige Inge Meysel strahlte etwas aus vom Leben und seinen Erfahrungen. Sie war absolut authentisch und glaubwürdig bei allen Brüchen, die sie erlebt hatte – und sie sah sehr schön aus mit allen ihren Falten, die genau diese Würde spiegelten.

Lebensadern

Und das ist doch wahr: Wir würden den Rat einer Inge Meysel, der 2004 verstorbenen „Mutter der Nation", doch in jedem Fall schwerer gewichten als den einer Mittzwanzigerin. Das ist schlicht so, weil sie mehr Erfahrung geerntet hat in ihrem gewiss nicht glattgebügelten Leben. In anderen Kulturen wird deshalb wie gesagt die Erfahrung, ja, Weisheit der Alten auch wesentlich mehr geschätzt. Bei der Zweiten Weltversammlung zur Frage des Alterns in Madrid hat UN-Generalsekretär Kofi Annan gesagt: „In Afrika sagt man, wenn ein alter Mann stirbt, verschwindet eine Bibliothek. Das erinnert uns an die lebenswichtige Rolle, die ältere Menschen als Bindeglied zwischen der Vergangenheit, der Gegenwart und der Zukunft spielen, als wahre Lebensader der Gesellschaft. Ohne das Wissen und die Weisheit der Alten würden die Jungen niemals wissen, woher sie kommen oder wohin sie gehören. Doch um eine gemeinsame Sprache mit den Jungen zu haben, muss man ihnen die Chance geben, ihr Leben lang weiterzulernen."

Mir gefällt dieses Bild einer Lebensader oder auch von Bindegliedern, die Generationen miteinander verweben. Wenn ich mein Leben so sehe, bin ich Teil eines Ganzen, eines Lebenskreislaufes.

So war ich auch in den letzten Jahren eigentlich nie neidisch auf die Jungen. Ich sehe die Generation meiner Kinder und weiß: Das wird Kraft kosten, es wird nicht ohne Verletzungen abgehen, dass sie ihr Leben meistern, mit all den Herausforderungen. Ich sehe die Kinder meiner Kinder, die ganz junge Generation, und denke: Welcher Kraftakt wird es für sie sein, einen Platz im Leben zu finden, herauszufinden, wer sie selbst sind oder sein wollen. Und ich wünsche mir, dass ich ihnen etwas weitergeben kann von dem, was ich erlebt habe, ohne es ihnen aufzudrängen. Solche Weitergabe der Lebensader erfolgt doch eher durch Haltung als durch Weisheiten, die wir von uns geben. Mir scheint, wenn die Älteren zuhören, können sie viel geben. Und wenn sie ihre Erfahrung weitergeben, falls sie gefragt werden, wird es dann ein ehrliches Gespräch, wenn sie klarmachen, dass auch sie im Leben letzten Endes keine end-gültigen Antworten gefunden haben.

Mit dem Glauben geht mir das ähnlich. Ich selbst bin mit dem christlichen Glauben aufgewachsen. Evangelisch-Sein war Teil des Lebens, die Kirche kein Fremdkörper, sondern Teil der Beheimatung. Natürlich gab es Phasen des Zweifelns am Glauben, an der Existenz Gottes in meinem Leben. Glaube ohne Zweifel gibt es wohl nicht. Aber es gibt auch dieses Gefühl, mich in diese Lebensader zu stellen, von der Kofi Annan sprach. Ich vertraue ja nicht nur Gott, sondern ich vertraue auch auf die Erfahrungen, die meine Väter und Mütter im Glauben mit Gott gemacht haben. So stelle ich mich hinein in die Kette der Weitergabe des Glaubens. Und wenn ich meinen Enkelkindern von Noah, Mose und Jesus erzähle, freue ich mich, diese Lebens-ader als Großmutter weitergeben zu können. Da ist nicht nur unser kleines Leben, das ja nun gewiss die Welt nicht verändert, so gern ich das möchte, sondern da ist eine Kette von Weisheit und Erfahrung, auf die sich schon andere gestützt haben. Andere, die mir Halt gaben. Deshalb bin ich sicher, dass dies auch meine Nachfahren tragen wird. Sosehr sich die Welt auch ändert – und das wird nicht nur heutzutage als dramatisch er-fahren –, so sehr bewahrheitet sich für mich die Lebensader des Glaubens als tragende Kraft.

Vom Umgang mit Scham und Schuld

Wenn wir älter werden, findet nicht nur der Rückblick auf ein sattes, gelungenes Leben statt, sondern auch eine Auseinander-setzung mit eigenem Versagen, Fehlern, persönlicher Schuld.

Vor einiger Zeit habe ich die Jugendvollzugsanstalt Rocken-berg besucht. Michael J. Mentz, der damalige Leiter, war un-geheuer engagiert, um das ehemalige Kloster Marienschloss für die jungen Gefangenen nicht zu einem Ort des Strafens, sondern zu einem Ort des Lernens, der positiven Selbstfindung zu machen. Er schrieb mir seine Hoffnung:

Eine Lebensschule, in der sie gelingendes Leben und Zusammenleben lernen, damit sie in der schwierigen, gefährlichen, verführerischen Freiheit ein Leben mit Freude in sozialer Verantwortung und ohne Straftaten führen können. Ein Ort, an dem sie – behutsam begleitet – das Leid, das sie anderen zugefügt haben, aber zugleich auch die schmerzhaften Erfahrungen ihres bisherigen Lebens aufarbeiten können. Ein Ort der Ermutigung, an dem sie sich mit sich selbst und ihrer Verantwortung aussöhnen lernen und dadurch den Zugang zu ihrer Würde erlangen. Letztlich ein Ort, der sie befriedet und aufwertet. Nur wer ein belastbares Selbstwertgefühl entwickelt hat, verfügt über die Stärke, sich mit der eigenen Schuldhaftigkeit auseinanderzusetzen. Nur wer die eigene Schuld anzuerkennen vermag, dem eröffnet sich die Chance, die eigene Würde wiederzuerlangen. Schuldverarbeitung befriedet und eröffnet die Realisierung von Lebenschancen. Nur wer den Zugang zum eigenen Schmerz findet, vermag das Leid anderer empathisch zu teilen.

Der Brief spiegelt große Lebenserfahrung und mich haben der Leiter der Einrichtung und seine Mitarbeiterinnen und Mitarbeiter damals sehr beeindruckt.

In unserem Rechtssystem steht Gott sei Dank nicht der Gedanke der Strafe im Vordergrund, sondern der der Resozialisierung. Die Zeit im Gefängnis oder der Bewährung soll für den Täter die Möglichkeit bieten, sich mit der eigenen Schuld auseinanderzusetzen und einen Weg zurück in die Gemeinschaft zu finden. Selbst einem Mörder wird diese Chance zugestanden. Das ist für die Opfer oft schwer zu ertragen. Das Menschenbild, das dahintersteht, hat seine Wurzeln in der schon erwähnten christlichen Überzeugung: Ein Mensch kann sich ändern.

In den USA sind die Gedanken von Rache und Abschreckung vorherrschend. Mehr als zwei Millionen Amerikaner sind inhaftiert, jeder 45. Bürger, 2,2 Prozent der Bevölkerung! Die Rückfallquote aber liegt bei 67,5 Prozent. Das heißt doch: Drakonische Strafen verändern die Menschen nicht.

In der Jugendvollzugsanstalt Rockenberg habe ich erlebt, wie die jungen Männer erst einmal lernen mussten, zu erkennen, was sie verbrochen haben. Dann wurden die Ursachen der Tat bearbeitet, die meist im familiären und sozialen Umfeld liegen. Anschließend wurde ihnen eine Ausbildung ermöglicht und ein Übergang in ein geregeltes Leben. Das macht Sinn!

Oft habe ich den Eindruck, dass dieser Gedanke der Resozialisierung verloren gegangen ist, zugunsten eines Konzepts der „gerechten Strafe". Da geht es dann weniger darum, Menschen die Fähigkeit zu vermitteln, ihrer Schuld ins Auge zu sehen und zu ihrer Schuld zu stehen, als darum, dass sie für ihre Taten büßen.

Sicher, manchmal hadern wir mit Urteilen oder den Zuständen in Gefängnissen. Aber dass unsere Justiz sich nicht in Abschreckung und Strafe verbeißt, sondern Menschen einen Neuanfang zutraut, das ist gut so. Wir sollten Straftätern diese Chance auch geben.

Als ich in einer Kolumne in der Zeitung „Bild am Sonntag" darüber geschrieben habe, standen in Leserbriefen Sätze wie: „Warten Sie, bis ein ehemaliger Straftäter Sie angreift, dann sehen Sie das anders!"

Die Chance zum Neuanfang ist aber ein hohes Gut demokratischer Rechtsetzung! Und christliche Theologie weiß etwas von Vergebung und Neuanfang, von der Möglichkeit zur Versöhnung. Das meint nicht, dass die Opfer gedrängt werden könnten oder sollten, zu vergeben. Und das heißt auch nicht, dass Taten schlicht vergessen werden. Sondern es bedeutet, dass es ein Leben mit der Schuld gibt. Das zu realisieren, ist ein schwieriger Prozess. Opfer sind oft so belastet, dass sie die Traumata ihrer Erfahrung von Leid nur verdrängen können, um überhaupt weiterzuleben. Insofern bleibt wichtig, sich nicht nur auf die Täter zu konzentrieren, sondern das Leid der Opfer in den Vordergrund zu stellen.

Auch viele Holocaustopfer haben jahrzehntelang geschwiegen, weil sie es gar nicht ertragen konnten, die Grausamkeiten, die ihnen und anderen angetan wurden, auszusprechen. Sie mussten die Bilder verdrängen, weil ihre Seele es nicht aushielt. Das kann wohl jeder Mensch nachvollziehen, der einmal Yad Vashem besucht hat, die Holocaust-Gedenkstätte in Jerusalem, oder auch die Orte ehemaliger Konzentrationslager in Deutschland und Polen. Kinder und Enkel der Überlebenden haben erzählt, dass die Eltern und Großeltern die Fragen nicht beantworteten, wohl, weil sie sich selbst, ihre Seele und die der Kinder schützen wollten. So unvorstellbar, so unaussprechlich grausam war das, was ihnen angetan wurde, was sie gesehen und erlebt hatten.

Oft kommt solches Grauen aus der Tiefe der Seele an die Oberfläche, wenn Menschen alt werden. Viele Pflegende haben mir das erzählt. Da sieht ein alter Mann noch einmal, wie sein Vater von deutschen Soldaten mit Genickschuss hingerichtet wird, und er steht als Kind hilflos daneben. Da durchlebt eine alte Frau noch einmal die Vergewaltigungen durch Sowjetsoldaten.

Der Film „Auf das Leben" aus dem Jahr 2014 mit Hannelore Elsner in der Hauptrolle zeigt das auf eindrückliche Weise. Hannelore Elsner spielt eine sehr alte Frau, der die wunderbare Wohnung, in der sie Geigen repariert, gekündigt wird. Sie wird in einen Berliner Sozialbau verfrachtet und versucht in der Folge, sich das Leben zu nehmen. In der Begegnung mit einem jungen Mann kommt die Geschichte der Frau an die Oberfläche. Als Kind wurde sie von ihrer Mutter von einem Transporter geworfen, weil diese ahnte, dass ein Erschießungskommando auf sie wartete. Sie kommt in ein Lager, entkommt der Ermordung, weil Partisanen angreifen, und wird schließlich eine bekannte Sängerin im Berlin der 70er-Jahre. Ihr Leben nimmt eine Wende, als sie auf einem Empfang den Mann wiedersieht, der sie als Kind im Lager gequält hat – sie ersticht ihn spontan.

Es geht im Film um eine bewegende Lebensgeschichte, die letzten Endes niemand mehr hören will. Im Krankenhausbett kommen die Bilder der Kindheit hoch, sie ist ihnen ausgeliefert. Die Seele hat die Bilder aufbewahrt und nur verdrängt, damit Leben überhaupt möglich war nach solchem Grauen …

Und die Täter? Ich denke, auch ihre Seele verdrängt, weil sie mit solcher Schuld nicht leben könnten. Das war in Deutschland nach 1945 bei einer ganzen Tätergeneration so. Aber auch im Hinblick auf den Krieg im früheren Jugoslawien habe ich mich manches Mal gefragt, wie die Leute nach den Gräueln, die sie verübt haben, wieder nach Hause gehen und schlicht weiterleben konnten. Was macht das mit Menschen? Ich erinnere mich an einen alten Mann, den ich im Krankenhaus besucht habe. Er wollte mir unbedingt erzählen, was er im Krieg getan hatte. In seinen Träumen tauchten die Gesichter von Kindern auf, die er erschossen hatte. All die Jahre hatte er das verdrängt, vergessen, aber jetzt waren sie da und schauten ihn an. In der Nacht, nachdem er mir das erzählt hatte, starb er …

Die Aussöhnung mit Schuld jedenfalls wird nur möglich, wenn Opfer erzählen können, was ihnen angetan wurde, und Täter ihre Schuld bekennen. Auch die Seele wird wohl nur frei, wenn ausgesprochen wird, was geschehen ist. Aber sich der eigenen Schuld, ja, allein der Scham zu stellen, das ist ein schwerer Schritt für einen Menschen. Ich finde, Scham ist ein unterbewerteter Begriff. Sich zu schämen, bedeutet ja: Es ist ein Fehler, den ich bereue. Das heißt einerseits: Ich möchte nicht, dass alle auf diesen Fehler starren, mich darauf festlegen. Und andererseits: Mit der Scham gehe ich ja schon einen Schritt nach vorn, weil ich so gar nicht sein will. Scham ist so Teil eines Veränderungsprozesses, der Menschen auch zugestanden werden sollte.

Pflege

In letzter Zeit wird das Thema Pflege immer bewusster wahrgenommen. Sicher, wir haben eine Pflegeversicherung. Aber klar ist doch: Niemals wird eine Versicherung eine Pflege garantieren können, die so ist, wie wir sie uns wünschen: liebevoll, rundum versorgt, ohne das Gefühl, irgendjemandem zur Last zu fallen.

Viele Menschen haben große Angst davor, ein Pflegefall zu werden. Ich erinnere mich an ein Frühstück, zu dem mich der katholische Theologe Hans Küng eingeladen hatte. Wir haben – in altbewährter Weise gegenseitiger Wertschätzung – über die Frage der Sterbehilfe gestritten. Bei den ersten Anzeichen von Demenz, so Hans Küng, würde er sich das Leben nehmen. Aber warum nicht offen dafür sein, dass andere dich vielleicht sogar sehr gern, liebevoll und mit Respekt pflegen und begleiten wollen? Hieße das denn, für alle, die dement sind, gibt es kein sinnvolles Leben mehr?

Mir sind solche Gespräche wichtig. Natürlich ist es auch für mich keine großartige Aussicht, dement zu werden. Aber es ist ja auch eine Gnade, dass Menschen mit Demenz genau das nicht mehr wahrnehmen und relativ zufrieden leben. Wer will denn da urteilen, ob das ein gutes Leben ist oder nicht?

Die Demenz ist ein breites Krankheitsbild mit vielen verschiedenen Stadien. Mir ist bewusst, wie umstritten die Frage ist. Für die Seele sorgen heißt für mich auch, Menschen die Angst davor nehmen, dass sie eine Last sind. Gewiss, bei Hans Küng und vielen anderen ist die Befürchtung dominant, nicht mehr Herr oder Herrin seiner bzw. ihrer Sinne zu sein. Das verstehe ich auch. Aber hieße das nicht auch, dass Menschen, die geistig behindert sind, kein sinnvolles Leben leben? Es gibt da keine einfachen Antworten. Aber reden sollten wir darüber! Ich kann heute nicht sagen, wie es mir gehen wird, wenn Kontrollverlust einsetzt. Auch ich möchte nicht gern eine Last für andere sein. Aber ich würde gern anderen das Gefühl geben, dass sie keine Last, sondern dass wir froh sind, sie (noch) bei uns zu haben.

Vor Kurzem starb die Ehefrau eines Mitarbeiters meines Vaters. Wir haben telefoniert und ich war beeindruckt, wie Ehemann und Tochter sagten, es sei so gut gewesen, die Zeit für die Pflege zu haben, sie bei sich zu haben bis zuletzt. Da war eine Klarheit, dass es richtig gewesen war, ohne irgendwelche intellektuellen Debatten, sondern schlicht mit Lebensweisheit. Und mein Eindruck war, ihre Seelen hatten Frieden gefunden durch diesen Abschied, bei aller Trauer um den Verlust.

Allerdings wissen viele Angehörige nicht, wie sie die Pflege leisten sollen. Auch da ist die Seele belastet. Wie soll das gehen, wenn die Kinder weit weg wohnen, berufstätig sind, eigene Kinder erziehen müssen? Wie kann Würde gewahrt werden? – das ist meist die entscheidende Frage. Sicher, es werden Geschäfte gemacht mit Ganztagskräften aus Polen oder der Ukraine. Aber das geschieht mit einem schalen Gefühl und schlechtem Gewissen. Und es ist eben auch nicht die ideale Lösung.

Die eigenen Eltern alt und krank werden zu sehen, fällt vielen Menschen sehr schwer. Die Mutter, die immer Rat wusste, erkennt mich nicht mehr. Der Vater, der doch so stark war, als Held meiner Kindheit, er wird zunehmend hilfsbedürftig. Und damit sehe ich auch vor mir, dass ich selbst eines Tages nicht mehr stark und selbstständig, sondern auf andere angewiesen sein werde.

In einer solchen Situation hilft zuallererst das Gespräch mit anderen Betroffenen. Wie geht es dir damit? Welche Erinnerungen stärken dich? Und was fällt dir so schwer angesichts der Schwäche der anderen? Daneben aber müssen Lösungen gefunden werden. Ein gewisser Grad an Pflege lässt sich organisieren. Aber wir brauchen auch mehr Gemeinschafts- und mehr Nachbarschaftsgeist, dass sich Menschen bereit erklären, mal vorbeizuschauen, sich Zeit zu nehmen. In den amtlich vorgegebenen 23 Minuten ist zwar die „große Morgenwäsche mit Toilettengang" zu leisten – wenn auch nur knapp und gerade so –, aber das ist noch keine Pflege. Als Allererstes ist das den ambulanten Pflegekräften bewusst. Und es schmerzt.

Ich denke, wir brauchen einen neuen Aufbruch als Gemeinschaft. Hinschauen, hingehen, darüber reden, wer einen Besuch oder Hilfe beim Einkaufen benötigt. Konfirmandenprojekte gibt es, bei denen Konfirmandinnen und Konfirmanden eine Zeit lang für einen älteren hilfsbedürftigen Menschen zuständig sind. Und es zeigt sich, dass viele der jungen Leute den Kontakt aufrechterhalten, weil sie sich freuen, gebraucht zu werden. Da ist Fantasie gefordert, um die einen mit den anderen zusammenzubringen. Das Konfirmandenprojekt ist ja nur eine von vielen Möglichkeiten. Ehrenamtliche Großeltern sind ein großartiger Ansatzpunkt zur Entlastung junger Familien, vor allem von Alleinerziehenden.

Einsamkeit

Es lässt sich nicht übersehen, wie viele Menschen heute einsam sind. Da gibt es wenig Kontakte, Freundschaften gehen bewusst auseinander oder verlieren sich. Enttäuschungen führen dazu, dass Menschen sich zurückziehen.

Kürzlich sagte mir eine junge Frau, sie habe eine schwere Grippe gehabt und zwei volle Wochen mit keinem einzigen Menschen geredet. Wie kann es gelingen, so frage ich mich, neue Bezüge aufzubauen?

Einsamkeit meint nicht Alleinsein. Ich denke, Alleinsein muss ein Mensch lernen. Es tut schlicht nicht gut, ständig eigene Gedanken, Tiefgang, Fragen zu vermeiden, indem ich mich permanent mit etwas beschäftige. Menschen, die gut allein sein können, sind auch gute Gesprächspartnerinnen und Gesprächspartner, weil sie nicht nur Zeit mit Geplapper totschlagen, sondern sich Zeit genommen haben, über die großen Fragen des Lebens nachzudenken. Alleinsein lernen ist eine gute Übung, finde ich. Einsamkeit hingegen kann furchtbar sein und die Seele massiv belasten, weil das Gefühl entsteht, keinen Menschen zu haben, dem ich vertrauen kann. Dass ich überflüssig, ungeliebt, unverstanden, ungebraucht bin, das macht bitter. Deshalb brauchen wir Orte, an denen wir anderen Menschen begegnen, gute Kontaktbörsen. Es ist schwer für einen einsamen Menschen, sich einen „Ruck" zu geben, rauszugehen und andere zu treffen. Wer einmal einsam ist, igelt sich oft immer mehr ein. Gefragt sind dann auch die anderen. Wir können auf Menschen zugehen, aber wir müssen erst einmal einen Blick dafür entwickeln, dass jemand einsam ist.

Lasst uns übers Sterben reden!

Kurz vor Weihnachten 2015 habe ich eine Frau beerdigt, die mein Jahrgang war. Sie hatte ein gutes Leben geführt, war beruflich sehr engagiert, begeistert Mitglied in einem Orchester. Und dann die Diagnose: Krebs. Zunächst sah es noch aus, als gebe es Heilungschancen, dann aber verschlechterte sich ihre Situation rapide.

Als wir im Auto bei der Beerdigung von der Kirche zum Friedhof fuhren, sagte eine Freundin von ihr: „Ich wünschte, sie hätte Weihnachten noch erlebt." Die andere erwiderte: „Ich freue mich, dass sie den Sommer noch erlebt hat, das hatte sie sich doch gewünscht." Ein kurzer Dialog: Ja, was war ihr zu wünschen?

Im Grunde haben alle Menschen Angst vor einer solchen Situation. Wir wissen, dass wir sterblich sind, aber wenn es ganz persönlich klar wird, wie begrenzt die Lebenszeit ist, erschreckt uns das. Als wir bei einem netten Abend auf das Thema kamen, fiel uns ein Mann ins Wort: „Jetzt lasst uns aber aufhören, über so was zu sprechen!" Am nächsten Tag sagte mir seine Frau, ihr wäre es wichtig gewesen, darüber zu reden, weil sie wüsste, was sie alles klären sollten, damit nicht nachher die Kinder die Last damit hätten. Und ja, da ist viel zu klären: Wie will ich sterben? Habe ich eine Patientenverfügung, mit der ich festhalten kann, ob ich beispielsweise mit Magensonde ernährt werden will? Das Schreckgespenst vom „Ausgeliefertsein an Schläuchen" lässt sich ja vermeiden, wenn ich mich vorab mit solchen Fragen befasse. Organspende ja oder nein – die Angehörigen stehen unter enormem Entscheidungsdruck, wenn sie nicht wissen, was der Betroffene gewollt hätte. Sarg oder Urne, also Verbrennen ja oder nein – darüber können Kinder sich zerstreiten am Tag nach dem Tod des Vaters, wenn der nie etwas darüber gesagt hat. Natürlich kann ich sagen, wenn ich tot bin, ist mir das alles egal. Aber solche Vorsorge ist ja auch Fürsorge für Angehörige.

Für mich sind Gespräche über Sterben und Tod immer eine Bereicherung. Selten ist ein Gespräch so existenziell und tiefgründig wie in derartigen Momenten. Ich kann nur ermutigen: Wage es! Wir müssen nicht alles auf uns zukommen lassen und es verdrängen, sondern können auch gestalten, wie wir alt werden, wie wir sterben wollen.

Ein Kollege, Geiko Müller-Fahrenholz, hat in seiner Predigt zum 4. Advent 2015 gesagt: „Ich bin in diesem Kreis ja nicht der Einzige, der in einem Alter ist, wo sich manchmal der Gedanke aufdrängt: Und der Tod, wenn er mich abholt, was ist dann? Das große Nichts? Oder nichts als die lange Zeit meiner Verwesung? Solche Gedanken zerreißen unsere gewohnte Welt, sie machen uns zuerst einmal tiefe Angst. Wohl denen, die wie der schweizerische Politiker und Autor Jean Ziegler zuversichtlich auf den Tod zugehen können und sagen: ‚Ich werde erwartet.'"

Ich fand das sehr mutig. Da spricht jemand ganz offen über die eigene Angst vor dem Tod!

Im Lukasevangelium (16,19–31) wird folgende Geschichte vom reichen Mann und dem armen Lazarus erzählt:

Es war aber ein reicher Mann, der kleidete sich in Purpur und kostbares Leinen und lebte alle Tage herrlich und in Freuden. Es war aber ein Armer mit Namen Lazarus, der lag vor seiner Tür voll von Geschwüren und begehrte sich zu sättigen mit dem, was von des Reichen Tisch fiel; dazu kamen auch die Hunde und leckten seine Geschwüre.

Es begab sich aber, dass der Arme starb, und er wurde von den Engeln getragen in Abrahams Schoß. Der Reiche aber starb auch und wurde begraben. Als er nun in der Hölle war, hob er seine Augen auf in seiner Qual und sah Abraham von ferne und Lazarus in seinem Schoß. Und er rief: Vater Abraham, erbarme dich meiner und sende Lazarus, damit er die Spitze

seines Fingers ins Wasser tauche und mir die Zunge kühle;
denn ich leide Pein in diesen Flammen.

Abraham aber sprach: Gedenke, Sohn, dass du dein Gutes emp-
fangen hast in deinem Leben, Lazarus dagegen hat Böses emp-
fangen; nun wird er hier getröstet und du wirst gepeinigt. Und
überdies besteht zwischen uns und euch eine große Kluft, dass
niemand, der von hier zu euch hinüberwill, dorthin kommen
kann und auch niemand von dort zu uns herüber.

Da sprach er: So bitte ich dich, Vater, dass du ihn sendest in
meines Vaters Haus; denn ich habe noch fünf Brüder, die soll
er warnen, damit sie nicht auch kommen an diesen Ort der
Qual. Abraham sprach: Sie haben Mose und die Propheten; die
sollen sie hören. Er aber sprach: Nein, Vater Abraham, sondern
wenn einer von den Toten zu ihnen ginge, so würden sie Buße
tun.

Er sprach zu ihm: Hören sie Mose und die Propheten nicht,
so werden sie sich auch nicht überzeugen lassen, wenn jemand
von den Toten auferstünde.

Natürlich könnte diese Geschichte bedrohlich wirken: Wenn
du nicht anständig lebst, dann erleidest du später Höllenqualen.
So ist sie auch ausgelegt worden und mit Ablasshandel wurde
im Mittelalter gut Geld verdient, nach dem Motto: Bezahle für
deine Sünden in bar, dann musst du keine Angst vor dem Fege-
feuer haben. Die Geschichte wurde auch vertröstend benutzt:
Wenn es dir schlecht ergeht in dieser Welt, dann wirst du be-
lohnt in der nächsten.

Die Exegese legt Wert darauf, dass hier das Wort Gottes an
sich hervorgehoben wird. Nicht sichtbare Zeichen wie ein von
den Toten Auferstandener, sondern das Hören auf Gottes Wort,
wie es Mose, die Propheten und ja auch Jesus übermittelt haben,
führen auf den rechten Weg des Glaubens.

Ich will die Geschichte hier ganz frei als Mahnung zur Nachdenklichkeit sehen. Mich hat immer wieder der Aspekt interessiert, dass der Reiche ja nicht vollkommen verantwortungslos ist. Er erkennt im Nachhinein sein Fehlverhalten und ist bereit, die Konsequenzen auf sich zu nehmen. Aber wenigstens seine Brüder will er vor diesem Schicksal bewahren und darum warnen: Ändert euer Leben! Lebt verantwortungsvoll und lasst euch von Reichtum und Egomanie nicht verführen.

Viele Menschen glauben heute nicht mehr an ein Gericht Gottes. Ich würde ein solches Gericht auch gar nicht so sehr als Bedrohung verstehen, nach dem Motto: „Gott sieht alles!", mit dem oft Angst gemacht wurde. Nein, es ist doch eher eine Mahnung: Wie will ich am Ende meines Lebens zurückblicken? Wie will ich heute leben, damit ich eines Tages sagen kann: Ich habe mit der mir geschenkten Zeit das Bestmögliche angefangen.

Manche Menschen lassen sich derart von Besitz und Gier vereinnahmen, von der Macht des Geldes, dass sie nicht nach links und nicht nach rechts sehen. Und gleichzeitig belegen Studien sehr deutlich: Zufrieden leben diejenigen, die sich für andere engagieren, und die Menschen, die eine „Ethik des Genug" kennen.

Verlust und Trauer

Bei einer Beerdigung las ein Mann einen letzten Brief an seine verstorbene Frau vor. Und eine Freundin der Familie verlas einen letzten Brief von ihr an ihn. Ich hatte ihm vorher geraten, sich einen Stellvertreter zu suchen, falls er nicht die Kraft habe, den Brief selbst vorzulesen. Aber er hat es getan, mit großer Ruhe. Alle Trauergäste waren tief berührt. Diese beiden Briefe spiegelten eine wunderbare Beziehung, eine tiefe Liebe, in die sie auch ihr endgültiges Abschiednehmen eingebettet hatten. Sie hatten darüber gesprochen, was dieser Tod für sie beide bedeutet. Große Dankbarkeit für die gemeinsamen Jahre wurde ausgedrückt. In all die Trauer, dass ihre Partnerschaft ein jähes Ende fand, mischte sich die Freude über das, was ihnen geschenkt war. Und die Frau konnte sogar schreiben, dass sie ihrem Mann alle Freiheit wünsche, noch einmal eine neue Partnerin zu finden.

Es war zu spüren: Dieser Verlust schmerzt, er tut weh, wie sollte es anders sein. Aber er ist eingebettet – nicht in Schweigen, sondern in Gemeinschaft.

Wer einen Partner, eine Partnerin, die Eltern oder gar seine eigenen Kinder verliert, braucht die Möglichkeit zur Trauer. Für die Seele sorgen heißt, dieser Trauer viel Zeit und Raum zu geben. Niemand muss sich gleich wieder zusammenreißen. Und ein lapidares „Das wird schon wieder" ist die falsche Reaktion, denn hier wird nichts wieder, wie es war. Ich wünsche mir, dass wir in unserer derart mobilen Gesellschaft, die alles ins Heitere, gar Lächerliche ziehen will, der Trauer mehr Respekt entgegenbringen. Sie ist ein tiefes Gefühl.

Wer trauert, muss Ruhe finden, sie spüren dürfen und darüber reden können. Loslassenkönnen ist ja ein Prozess, der nicht mal eben nebenbei erledigt wird.

Manchmal dauert solche Trauer auch ein Leben lang, sie lässt sich nicht abschütteln und auch das gilt es zu akzeptieren. Da sagt eine Frau viele Jahre nach dem Tod ihres Mannes, sie könne seinen Geruch noch wahrnehmen, wenn sie in seinem Sessel sitze. Manche finden das merkwürdig, andere freuen sich über die Kraft dieser Beziehung, die nicht einengt, sondern verbindet – weit über den Tod hinaus. Da gibt es kein „Du sollst" oder „So ist das", sondern es geht um die Freiheit, der Trauer ganz individuell Raum zu geben.

Angst vor Verlust der Liebsten

Bei den meisten Menschen erlebe ich als größte Angst die vor Krankheit. Meine persönlich größte Angst wäre, eines meiner Kinder oder Enkel zu verlieren. Auch diese Sorge teilen viele. Eine erschütterte Mutter schrieb mir:

Liebe Frau Käßmann,
mein einziges Kind, meine Tochter, ist mit 28 Jahren gestorben. Sie war Medizinerin, hatte promoviert und dann ist sie psychosomatisch erkrankt. In ihrer Angst vor Stigmatisierung, der Verzweiflung über Fehlbehandlung, der Angst, ihren Arbeitsplatz zu verlieren, hat sie sich das Leben genommen.
Die Erschütterung ist für mich so tief, so groß, dass ich selber verzweifle. In Anbetracht der Tragödie möchte ich gern mit Ihnen sprechen…

Mit dieser Frau habe ich mich getroffen und wir haben lange miteinander gesprochen. Ich weiß nicht, ob ich ihr irgendwie hilfreich sein konnte. Aber mir geht ihre Erschütterung nach. Es war ihre einzige Tochter. Nicht dass mehrere Kinder den Verlust eines Kindes abschwächen könnten. Wenn ein Kind vor dir geht, ist das eine entsetzliche Erfahrung. Es erscheint, als wäre es wider den Rhythmus des Lebens.

Ich habe die Kraft dieser Frau bewundert, ihr eigenes Leid anzusehen, die Erschütterung zuzulassen und doch weiterzuleben.

Wenn wir die Angst vor dem Verlust der Liebsten in unserem Leben bestimmend sein lassen, dann dürften wir letztlich nicht mehr lieben. Denn niemand kann sich vor solchem Leid und Verlust wirklich schützen. Liebe macht verletzlich.

Dabei ist ein Suizid wohl die schlimmste Erfahrung. Wenn ein anderer sich das Leben nimmt, ist das für die Zurückbleibenden ein lebenslanges Trauma. Hätten wir etwas früher sehen müssen? Warum haben wir nicht erkannt, wie es ihm ging?

Ich weiß, dass Menschen, die sich das Leben nehmen, in dieser Situation nicht die Kraft haben, an die anderen zu denken. Aber ich würde es mir wünschen. Die Eltern, die ich kenne, deren Kinder sich das Leben genommen haben, können kaum wieder ihres Lebens froh werden. Der Verlust ist noch gesteigert durch das Gefühl des eigenen Versagens. In solcher Situation hilft es oft nur noch, miteinander zu schweigen, eine zu Hand halten. Weil Worte viel zu gering sind, um solchem Schmerz zu begegnen.

Mit dem Leben Frieden schließen

Kurz bevor die Schauspielerin Hendrikje Fitz mit 54 Jahren an Brustkrebs starb, sagte sie: „Es gibt keinen Grund, dass ich hadere, ich hatte ein super Leben! … Ich stelle mir nicht die Frage: Warum ich? Diese Krankheit kann jeden treffen."[19] Das ist eine großartige Haltung, die mir imponiert!

Wer so auf den eigenen Tod zugeht, muss auch nicht mehr heftig über Sterbehilfe diskutieren. Du kannst heute alle Hilfe der Palliativmedizin bekommen. Immer öfter erlebe ich, wie Menschen wirklich schmerzfrei, gnädig und ruhig in den Tod gehen. Dafür können wir alle miteinander dankbar sein. Palliativmedizin muss deshalb weiter ausgebaut werden.

Gelassen und in Frieden sterben, das wünsche ich mir. Der Tod ist ja unausweichlich. Wenn er sichtbar kommt, will ich ihn gern annehmen als Teil meines Lebens. Und als Christin durchaus nicht als Endpunkt verstehen, sondern als Doppelpunkt hin zur Zukunft Gottes – wie immer sie aussehen mag.

---

19 „Vielleicht werde ich im nächsten Leben Mutter." N cole Richter erinnert sich in aller Freundschaft an Hendrikje Fitz, BILD, 9. April 2016, S. 4.

Ewiges Leben

Jesus spricht davon, dass diejenigen, die an ihn glauben, ewiges Leben haben werden. Nach hebräischem Verständnis meint der Begriff der „Ewigkeit" so viel wie „teilhaben an der kommenden Welt". Das ist kein Rätsel, das wir lösen könnten, es ist das große Geheimnis Gottes.

Heinz Zahrnt schreibt: „Wohin Gott durch den Tod uns führt, bleibt ein Geheimnis. Mit einem Geheimnis aber kann man leben, wenn man Vertrauen hat."[20] Um solches Vertrauen geht es im christlichen Glauben.

Beziehungen spannen einen ersten Bogen zwischen dieser Welt und der kommenden Welt Gottes, in der alle Tränen abgewischt sein werden und Not, Leid, Geschrei, ja, selbst der Tod ein Ende haben.

Im christlichen Glauben ist Liebe entscheidend. Ich weiß, die Rede von der Liebe Gottes klingt manchmal lapidar. Aber dass diese Liebe sich gegen alle Ohnmacht, dem Bösen und dem Tod gegenüber als überlegen zeigt, das bleibt eine Provokation. Liebe ist nicht banal, auch wenn sie Gott sei Dank immer wieder alltäglich ist. Liebe kann ungeheure Kraft entfalten. Liebe bleibt gegenüber der Grenze des Todes eben nicht ohnmächtig. Sie überschreitet diese Grenze. Der Tod hat nicht das letzte Wort, sondern das Leben. Das ist Lebensmacht Gottes.

Zuletzt

Dieses Kapitel begann mit einem Popsong, mit einem anderen Song soll es enden. Eric Clapton hat nach dem Tod seines vierjährigen Sohnes, der in New York aus dem 53. Stock eines Hochhauses stürzte, für den Film „Rush" die Ballade „Tears

---

20 Heinz Zahrnt, Das Zeitliche segnen, München 2000, S. 257.

in Heaven" geschrieben. Er singt davon, dass er weiß, er kann (noch) nicht in den Himmel. Aber er ist überzeugt: „Jenseits der Tür gibt es Frieden, ich bin sicher. Und ich weiß, es gibt keine Tränen im Himmel." Das ist eine zutiefst biblische Überzeugung, heißt es doch im Buch der Offenbarung: … *und Gott wird abwischen alle Tränen von ihren Augen, und der Tod wird nicht mehr sein, noch Leid noch Geschrei noch Schmerz wird mehr sein; denn das Erste ist vergangen.* (Offb. 21,4)

Gewiss, diese Hoffnung wurde oft als Vertröstung auf eine vermeintlich bessere Welt benutzt, um Menschen vom Unrecht in dieser Welt abzulenken. Und doch ist es eine starke Kraft, das Leben nicht auf diese Welt, die wir sehen und zu begreifen versuchen, beschränkt zu sehen.

There's peace, I am sure, singt Eric Clapton in seinem Lied, und er hofft, seinen Sohn im Himmel zu sehen …

5

Offenbar hört mich da oben niemand ...

Von unerhörten Gebeten, tiefen Enttäuschungen, erdrückenden Gottesbildern und einer großen Liebe – trotz allem!

Aus der Tiefe rufe ich, Herr, zu dir.
Herr, höre meine Stimme! Lass deine Ohren merken auf die Stimme meines Flehens!
Wenn du, Herr, Sünden anrechnen willst – Herr, wer wird bestehen?
Denn bei dir ist die Vergebung, dass man dich fürchte.
Ich harre des Herrn, meine Seele harret, und ich hoffe auf sein Wort.
Meine Seele wartet auf den Herrn mehr als die Wächter auf den Morgen;
mehr als die Wächter auf den Morgen hoffe Israel auf den Herrn!
Denn bei dem Herrn ist die Gnade und viel Erlösung bei ihm.
Und er wird Israel erlösen aus allen seinen Sünden.
(Psalm 130)

In diesem Psalm wartet ein Beter auf die Präsenz Gottes in seinem Leben. Aus tiefer Not ruft er zum Himmel, so, wie Menschen immer wieder nach Gott gerufen haben: Warum greifst du nicht ein in mein Leben, in diese Welt? „Meine Seele wartet auf den Herrn", heißt es im Psalm.

Selbsterkenntnis

Der Psalm geht sehr verschiedene Schritte. Zum einen ist da der Schrei nach Gott. Er ist mit einem tiefen Vertrauen verbunden, einer Du-Beziehung zu Gott sozusagen. In dieses Schreien nach Gott ist auch die Erkenntnis eingebunden, dass der Mensch selbst Schuld auf sich lädt und gewiss nicht immer so lebt, wie es angemessen wäre, so, wie Gottes gute Gebote es verlangen. Beides, das Rufen nach Gott und das Erkennen der eigenen Schuld, ist verknüpft mit einem großen Zutrauen: Gott wird da sein, Gott ist da. Für mich und für alle Menschen.

Martin Luther hat aus diesem Psalm 1524 einen Liedtext gedichtet:

Aus tiefer Not schrei ich zu dir, Herr Gott, erhör mein Rufen.
Dein gnädig Ohr neig her zu mir und meiner Bitt es öffne;
denn so du willst das sehen an,
was Sünd und Unrecht ist getan,
wer kann, Herr, vor dir bleiben?
Bei dir gilt nichts denn Gnad und Gunst, die Sünde zu
vergeben;
es ist doch unser Tun umsonst, auch in dem besten Leben.
Vor dir niemand sich rühmen kann;
des muss dich fürchten jedermann
und deiner Gnade leben.
Darum auf Gott will hoffen ich, auf mein Verdienst nicht
bauen.
Auf ihn mein Herz soll lassen sich und seiner Güte trauen,
die mir zusagt sein wertes Wort.
Das ist mein Trost und treuer Hort;
des will ich allzeit harren.[21]

---

21 Evangelisches Gesangbuch, Nr. 299, 1–3.

Dieser Text hat Menschen immer wieder bewegt. Johann Sebastian Bach hat 1724 eine berühmte Kantate dazu komponiert (BWV 38), Felix Mendelssohn Bartholdy 1830 ein wunderbares Musikstück für Chöre (MWV B 20).

Dieser Schrei aus tiefster Not, er hallt durch die Jahrhunderte. Und wenn Menschen heute in derartiger Not schreien, dann stimmen sie ein in den Schrei nach Gott.

Bei Martin Luther ist dieses Flehen aber nicht denkbar ohne die geradezu trotzige Antwort: Er will trotz aller Widersprüche und Ängste, trotz Leid und Not auf Gott vertrauen. Mir ist wichtig, dass beim Reformator wie beim Psalmbeter Zweifel nicht übertüncht werden. Sie werden hineingenommen in die Gottesbeziehung.

Meine Erfahrung ist, dass der Glaube sich nicht plötzlich ereignet, dass er nicht wie ein Erlebnis über einen Menschen kommt, sondern dass es um einen Prozess geht, der die Gottesbeziehung vertieft und festigt, bis sie so belastbar ist, dass sie auch in schweren Zeiten trägt. Wer im Gebet in einem Gespräch mit Gott ist, sich ihm anvertraut, auch für andere betet, das Gute und das Schwere mit Gott teilt, baut eine Beziehung auf. Vertrauen muss über einen längeren Zeitraum wachsen und kann erst dann auch Missverständnisse oder Zeiten des Schweigens durchstehen. Für mich ist Gott nicht der Weltlenker, der stetig ins Geschehen eingreift. Das wäre ein sehr problematisches Gottesbild. Geradezu willkürlich würde Gott dann dem einen Leid, der anderen Glück zukommen lassen. Gott hat den Menschen als freies Wesen geschaffen, das denken kann und darf, entscheiden kann und soll, das eigene Leben gestalten kann und muss. In der Gottesbeziehung findet der Mensch Orientierung, das Gute zu tun, aber auch das eigene Scheitern zu ertragen, und er findet Kraft, schwere Zeiten durchzustehen, weil Leid und Not, ja, auch der Tod Teil des Lebens sind.

Mein Gott, mein Gott, warum hast du mich verlassen?

Jesus selbst fühlt sich am Kreuz von Gott verlassen und schreit diesen Vers aus Psalm 22, so erzählt es das Matthäusevangelium (27,46). Dieser Psalm schildert eindrücklich die Not eines Menschen:

> Ich schreie, aber meine Hilfe ist ferne.
> Mein Gott, des Tages rufe ich, doch antwortest du nicht,
> und des Nachts, doch finde ich keine Ruhe. (Psalm 22,2b.3)

Jesus kennt diesen Psalm aus seiner jüdischen Glaubenstradition. Als ihm vor Schmerz die Worte fehlen, als ihn die Todesangst packt, schreit er mit den Worten, die ein anderer lange Jahrhunderte zuvor formuliert hat.

Zum einen ist mir wichtig, dass Jesus selbst solche Angst und solchen Zweifel kennt. In der Überlieferung des Matthäusevangeliums sind es die letzten Worte, die er sagt. Das ist erstaunlich, finde ich. Hätte das nicht geglättet werden müssen – etwa, indem die letzten Worte lauten: „Ich glaube trotz Schmerz!"? Oder irgendetwas anderes Heroisches, das anschließend überliefert und bewundert wird? Große religiöse Gestalten werden ja gern als Märtyrer geschildert, die niemals zweifeln und noch auf dem Scheiterhaufen den Glauben bekennen. Bei Jesus ist das anders und das macht ihn so überzeugend, nahbar, menschlich. Ich kann an Gott glauben, wie Jesus ihn uns zugänglich gemacht hat, gerade weil auch Jesus dieses Gefühl der Gottverlassenheit ganz offenbar kannte. Die heldenhaften Märtyrergestalten sind mir immer eher suspekt geblieben, denn Angst und Zweifel sind und bleiben zutiefst menschlich.

Zum anderen zeigt dieser Ruf, wie wichtig es oft ist, sich gerade in Zeiten von Angst und Leid schlicht in die Worte anderer, die vor uns mit dem Glauben gerungen haben, fallen lassen zu können. Wir sind auch mit unserer Not nicht die Ersten, sondern stehen in einer inneren Verbindung mit denen, die vor uns waren – deren Worte uns überliefert worden sind. Die „Lebensader", von der oben die Rede war, sie besteht auch darin, dass ich mich geborgen wissen kann in den Erfahrungen der Menschen, die vor mir Belastungen zu ertragen hatten. Ich bin nicht die Erste, die mit großen Lebensfragen zu ringen hat, und die Letzte werde ich gewiss auch nicht sein. Da hilft es, von den Erfahrungen anderer zu hören, um auch zu begreifen: Der nächste Schritt kann gegangen werden. Auf Leid kann auch wieder neues Leben folgen, so, wie auf den Tod die Auferstehung folgt.

Psalm 126 macht das sehr schön als Hoffnungsschimmer nachvollziehbar:

Wenn der Herr die Gefangenen Zions erlösen wird, so werden wir sein wie die Träumenden.
Dann wird unser Mund voll Lachens und unsre Zunge voll Rühmens sein. Dann wird man sagen unter den Heiden: Der Herr hat Großes an ihnen getan!
Der Herr hat Großes an uns getan; des sind wir fröhlich.
Herr, bringe zurück unsre Gefangenen, wie du die Bäche wiederbringst im Südland.
Die mit Tränen säen, werden mit Freuden ernten.
Sie gehen hin und weinen und streuen ihren Samen und kommen mit Freuden und bringen ihre Garben.

Das Volk Israel hat wahrhaftig immer wieder Hoffnungslosigkeit erfahren. Eine besondere Erinnerung ist die Kapitulation gegenüber den Babyloniern im Jahr 597 vor Christus. Der König und die gesamte Oberschicht wurden nach Babylon deportiert. Dort hatten die Gefangenen Sehnsucht nach

Rückkehr in ihre Heimat, während die Menschen im zerstörten Land mit den Folgen des Krieges kämpften. In dieser Zeit wird das Volk daran erinnert, dass nach Tränen Freude folgen kann. Die Geschichte der Menschheit lehrt: Leid ist nie für immer, auf Krieg folgt Frieden, auf Gewalt und Zerstörung immer wieder ein Neuaufbau. Und das ist kein banaler Trost, sondern im tiefsten Sinne Hoffnung, die Lebenskraft gibt. Wir brauchen solche Perspektiven, wir dürfen sein „wie die Träumenden", weil wir nur mit Hoffnungsbildern leben können.

Unerhörte Gebete

Viele Menschen haben den Eindruck, dass Gott für sie nicht präsent ist. In einem Moment der Angst oder Gefahr, zu einem Zeitpunkt der Ausweglosigkeit beten sie – aber das Gebet verhallt. Ich denke an eine Frau, die mir sagte: „Als meine Tochter starb, habe ich meinen Glauben an Gott verloren."

Was wäre das aber für ein Gott, der Kinder sterben lässt, der Leid über Menschen bringt, durch Gewalt, Krankheit und Tod? Was wäre es für ein Gott, der die Gebete der einen erhört und die der anderen nicht? Grausam wäre das! Manches bleibt uns rätselhaft, wir verstehen es einfach nicht. Aber sollten wir nicht auch Dankgebete sprechen, wenn wir bewahrt wurden, ein Unglück sich eben nicht ereignete?

Ich denke, bei der Klage über unerhörte Gebete geht es letzten Endes um die Frage, ob ich an Gott glaube oder nicht und, wenn ja, welches Gottesbild ich habe. Beten ist Ausdruck meiner Beziehung zu Gott. Sicher beten manche Menschen spontan, wenn sie in Gefahr sind, „es betet" sich dann geradezu von selbst, nach dem Motto: Wenn ein Flugzeug in Turbulenzen gerät, gibt es an Bord keine Atheisten mehr.

Enttäuscht von Gott kann ich ja nur sein, wenn ich ein Bild von Gott habe, das ihn wie mit einem Zauberstab Wunder

wirken sieht. Und gerade mich soll das Wunder natürlich erreichen. Ja, es gibt Heilungsgeschichten in der Bibel. Aber dabei
geht es eben nicht einfach nur um Gesundwerden, sondern um
Heilwerden mit meinem Leben. Besonders klar geworden ist mir
das an der Geschichte, die Lukas von Jesus erzählt (17,11–19):

Die zehn Aussätzigen
Und es begab sich, als er nach Jerusalem wanderte, dass er
durch Samarien und Galiläa hin zog. Und als er in ein Dorf
kam, begegneten ihm zehn aussätzige Männer; die standen
von ferne und erhoben ihre Stimme und sprachen: Jesus, lieber
Meister, erbarme dich unser!

Und als er sie sah, sprach er zu ihnen: Geht hin und zeigt
euch den Priestern! Und es geschah, als sie hingingen, da wur-
den sie rein. Einer aber unter ihnen, als er sah, dass er ge-
sund geworden war, kehrte er um und pries Gott mit lauter
Stimme und fiel nieder auf sein Angesicht zu Jesu Füßen und
dankte ihm. Und das war ein Samariter.

Jesus aber antwortete und sprach: Sind nicht die zehn rein
geworden? Wo sind aber die neun? Hat sich sonst keiner gefun-
den, der wieder umkehrte, um Gott die Ehre zu geben, als nur
dieser Fremde? Und er sprach zu ihm: Steh auf, geh hin; dein
Glaube hat dir geholfen.

Gesund geworden sind alle zehn Männer. Aber nur einer begreift seine Genesung als Geschenk Gottes, das er im Glauben
annimmt. Er wird sein Leben im Glauben leben. Aber auch er
wird eines Tages sterben, wie die anderen Geheilten. Gesundwerden in dieser Welt ist immer nur ein Genesen auf Zeit. Aber
dein Leben in das Licht des Glaubens zu stellen, das kann es
fundamental verändern.

Gebetserhörung muss nicht unbedingt heißen, dass die Heilung, das Wunder, der Erfolg sich einstellen, um die ich bitte. Es kann bedeuten, dass das Beten mein Leben, meine Haltung verändert. Vielleicht erlebe ich so die Kraft, mit dem Verlust zu leben. Oder ich spüre das Vertrauen, mich auf die neue Situation einzulassen. Beten verändert zuallererst den Menschen. Dann bringe ich vor Gott, was mich umtreibt, sorgt und ängstigt, und kann erfahren, dass sich das alles in einer anderen Perspektive sehen lässt, oder gewinne zumindest die Ruhe, genau zu schauen, was mich so sehr quält. Und ich begreife auch, dass ich das Gute aus Gottes Hand ebenso nehmen kann, wie ich das Schwere in Gottes Hand lege. Für mich geht es beim Beten um genau so einen Perspektivenwechsel.

Es verändert die Beziehungen zwischen Menschen, wenn sie wissen, dass sie füreinander beten. Jemanden in die Fürbitte aufnehmen, das knüpft ein Band. Jeden Sonntag beten wir in den Kirchen für Menschen in Armut und Not in unserem Land, aber auch in anderen Ländern. Wir beten auch für Politikerinnen und Politiker, dass sie weise Entscheidungen treffen mögen.

Durchbetet

Ich bin überzeugt, durchbetete Räume und ein durchbetetes Land haben eine besondere Bedeutung. Ein Kabarettist hat sich darüber einmal lustig gemacht, ich konnte selbst darüber lachen. Aber es ist eine Wahrnehmung, die ich auch in Momenten erfahre, in denen Menschen, die mit dem Glauben gar nichts zu tun haben, eine alte Kirche betreten. Sie verändern ihren Gang, ihre Stimme wird leiser (in der Regel jedenfalls), weil sie spüren: Das ist ein besonderer Ort. Hier haben Menschen ihre Liebe segnen lassen, ihre Kinder getauft, ihre Toten beweint. Wo sonst gibt es solche Räume?

Ganz persönlich habe ich das in einem außergewöhnlichen, im wahrsten Sinne des Wortes merk-würdigen Gebäude erlebt. Im Jahr 2000 hatte die hannoversche Landeskirche gemeinsam mit der Evangelischen Kirche in Deutschland auf der Weltausstellung in Hannover mit mehreren anderen Partnern einen Christuspavillon errichtet. Der Architekt Meinard von Gerkan entwarf einen Kubus aus Stahl, der von vielen Glaselementen durchzogen war. In diese Glasbehälter hat er ganz verschiedene Dinge, Gabeln und Schrauben, Bürsten, Glühbirnen und Äste und alles mögliche andere, eingefüllt. Am Anfang hatte alles irgendwie eine kalte Anmutung, bei der Einweihung fand ich den Stahl sehr dominant, Wärme strahlte das Gebäude für mich jedenfalls nicht aus. Im kleinen Untergeschoss befand sich ein Raum, dessen Boden mit Sand bedeckt war. Nur eine Ikone und eine Kerze waren dort zu finden.

Mitten im Getöse der Weltausstellung mit all ihren virtuellen Animationen gewann der Christuspavillon immer mehr an Zuspruch. Von Christinnen und Christen aller Konfessionen, aber auch von Menschen anderen Glaubens und von denen ohne Glauben. Und der Raum veränderte sich. Fast jede Woche habe ich dort Gottesdienst oder Andacht gehalten im Sommer 2000, und am Ende dachte ich, es hatte sich für viele Menschen das Psalmwort bewahrheitet: *Herr, ich habe lieb die Stätte deines Hauses und den Ort, da deine Ehre wohnt.* (Ps 26,8) Die Menschen, die ihren Glauben, ihre Gefühle und ihre Gebete an diesen Ort mitgebracht haben, sie haben ihn verändert.

Falls mit dieser Beschreibung Interesse geweckt wurde: Der Christuspavillon steht heute auf dem Gelände des Klosters Volkenroda in Thüringen. Von dort sind 1163 Mönche aufgebrochen und haben in Loccum in der Nähe von Hannover ein Kloster gegründet. Die Verbindung durch das Gebet hat all die Jahrhunderte überdauert …

Erlösung und Gnade

Worum beten denn Menschen? Um Gesundheit und Unversehrtheit sicher zuallererst. Dann um Schutz für die Menschen, die wir lieben, Verschonung von Übel, das droht, Bewahrung in Situationen der Angst. Im Grunde immer aber auch um Erlösung und Gnade.

Beides sind nun Begriffe, die heute altmodisch, ja, geradezu unverständlich wirken. Und doch ahnen Menschen auch heute, was sie bedeuten. Dass jemand sich „erlöst" fühlt, gibt es doch auch in unseren Tagen. Da sagte eine: „Ich habe die Prüfung bestanden, ich fühle mich so was von erlöst!" Es meint befreit, erleichtert, froh, die Last einer Schuld oder von Schulden, von Verstrickung und Angst ablegen zu können. So kann uns Gott erlösen, das sagt Psalm 126. Los-lösen von dem, was uns bedrückt und niederdrückt.

Wenn das geschieht, erleben wir Gnade. Auch das ist ein Begriff, den viele nicht mehr zu verstehen meinen. Aber wer vor Gericht steht, weiß sehr wohl, was ein gnädiges Urteil ist, nämlich eins, das meine Schwäche mit einrechnet und nicht nur Recht spricht, sondern eben auch Gnade, Nachsicht walten lässt. Wer einen schweren Fehler begangen hat, etwa in einer Beziehung, wer betrogen hat in einer Freundschaft, der weiß, was Gnade heißt – die Zusage eines Neuanfangs.

Vergebung

Niemand kann einem Opfer verordnen, dem Täter zu vergeben. Aber wenn Opfer die Kraft finden, zu vergeben, werden sie selbst frei – und die Welt staunt. Ein solcher Mensch ist Michael Lapsley. Als ich ihm zum ersten Mal bei einer ökumenischen Konferenz begegnet bin, war ich verunsichert. Wie gibst du jemandem die Hand, der keine Hände hat, sondern zwei Metallhaken an ihrer Stelle? Wie schaust du jemanden an, der ein Auge verloren hat? Er war als junger Priester aus Neuseeland nach Südafrika gekommen und engagierte sich dort gegen die Unterdrückung des Apartheidregimes. Er wurde des Landes verwiesen und arbeitete anschließend in Lesotho und Simbabwe. Dort erhielt er eines Tages einen Brief. Als er ihn öffnete, explodierte eine Bombe.

Die Ärzte konnten sein Leben retten, nicht aber das eine Auge, auf dem anderen sieht er nur schwach. Das Hörvermögen ist schwer geschädigt, beide Hände wurden zerfetzt. Lapsley schreibt: „Als Adressat einer Briefbombe wurde ich zum Ziel des Bösen. Böse bedeutet hier, Briefbomben herzustellen und an andere Menschen zu schicken. Ihre Adresse in dem Bewusstsein auf einen Umschlag zu tippen, dass der Inhalt jemanden umbringen soll. Gleichzeitig wurde ich jedoch auch zum Empfänger alles Guten, zu dem die Menschen fähig sind, nämlich Zärtlichkeit, Liebe und Mitgefühl."[V]

Mit einer bewundernswerten Kraft hat Michael Lapsley sein Leben mit Behinderung in die eigene – nicht mehr vorhandene – Hand genommen. Er reflektiert sehr bewusst, was es heißt, mit Behinderung zu leben. Und er weiß etwas davon, mit seelischen Narben zu leben. 2015 hat er auf einer Lesereise in Berlin berichtet, wie er heute in Südafrika als Seelsorger im Zentrum für traumatisierte Gewalt- und Folteropfer arbeitet und ein Institut für das Heilen von Erinnerungen gründete. Bei der Veranstaltung sagte Lapsley: „Jeder liest seine Geschichte anders und hat seine eigenen Fragen in Bezug auf das Heilen der Erinnerungen. Für mich war Gott da, als die Bombe hochging. Er hat die Bombe nicht verhindert, aber er hat sie nicht siegen lassen."

Das ist eine Haltung, die viele Menschen kaum nachvollziehen können. Es ist aber die Haltung, die ich meine, wenn es um die Frage geht: „Wo war Gott, wie kann Gott das zulassen?"

Wer in einer langen Beziehung zu Gott lebt, spürt Gott auch im Leid. Und zwar nicht als Verursacher von Leid, sondern präsent an der Seite der Leidenden. So schildert Michael Lapsley den Moment nach der Explosion: „Allein in dieser Leere fühlte ich mich von Gott umgeben und spürte, dass Maria verstand, was ich durchmachte, denn sie hatte ja miterlebt, wie ihr Sohn gekreuzigt wurde. Obwohl ich viel Blut verlor, blieb ich bei Bewusstsein und begriff nach und nach den gesamten Schrecken meiner Situation.“

Niemand darf Opfer drängen, zu vergeben. Aber wenn Opfer aus dem Schmerz heraus einen Heilungsprozess in Gang setzen, verändern sie nicht nur sich, sondern auch andere. Und gerade Opfer können besonders glaubwürdig für Versöhnung eintreten.

Vom Beichten

In den Jahren, in denen ich als Pfarrerin tätig war, haben mich Seelsorgegespräche am tiefsten berührt. Es waren Punkte, an denen Menschen sich weit geöffnet haben in einem Schutzraum, den die Seelsorge bietet. Martin Luther hat für die Evangelischen die Beichte ja nicht abgeschafft, wie manche meinen. Er hat sie allerdings nicht als Sakrament angesehen und wandte sich gegen eine Praxis, die Beichte zum Zwang werden ließ. Auch eine vollständige Aufzählung der Sünden als Voraussetzung für Vergebung lehnte er ab. Aber er wusste die Beichte ganz persönlich zu schätzen: als Akt der Freiheit, als Schritt hin zu einem befreiten Gewissen. Er selbst hat sein Leben lang immer wieder gebeichtet.

Nun ist ein Seelsorgegespräch nicht immer eine Beichte. Oft geht es darum, eine Lebenssituation offen zu schildern, nach Auswegen zu suchen, zu fragen, wie ich verantwortlich handeln kann. Aber manches Mal ist es auch eine Beichte, weil

Menschen Schuld auf sich geladen haben und darum wissen. Weil sie sich fragen: Wie kann ich mit Schuld leben? Wie gehe ich mit meinem Scheitern um?

Menschen haben Sorgen und Angst, immer wieder Fragen an das Leben, Fragen an Gott. Ein Gespräch über solche Fragen ist eines, das für die Seele sorgt – insofern ist Seelsorge ein wunderbarer Begriff.

Auch heute überrascht mich, wie offen Menschen mir ihre Lage beschreiben – es gibt in der Seelsorge einen ungeheuren Vertrauensvorschuss, der eine hohe Verantwortung darstellt. Mich erreichen immer wieder Briefe, in denen mir Menschen ihre Angst und Unruhe schildern. Sie berichten von ihren Lebensfragen, sie suchen nach Orientierung und Halt. Und sie fragen mich um Rat aus der Perspektive meines christlichen Glaubens. Oft habe ich ein schlechtes Gewissen, weil ich nicht die Zeit und Ruhe habe, mich auf einen Menschen, der mich kontaktiert, so intensiv einzulassen, wie es notwendig wäre, um wirklich für die Seele zu sorgen. Daher verweise ich meist auf eine Pfarrerin oder einen Pfarrer vor Ort. Komplexe Situationen lassen sich nicht mit einem schnellen Rat oder einer kurzen Antwort lösen, sie brauchen längere Prozesse (übrigens gibt es das Angebot der Briefseelsorge[22]). Bei alledem erlebe ich eine Sehnsucht nach Glauben.

Kraft des Glaubens für den Lebensalltag

Manchmal schauen mich Menschen skeptisch an. Das habe ich kürzlich in einer Talkshow erlebt, in der es um viele lustige Dinge ging. Immer, wenn es gar zu albern wurde oder eine sexuelle Anspielung dabei war, gab es kleine Nebensätze wie: „Entschuldigen Sie, Frau Käßmann" – als wisse Glaube nichts

---

22 Beispielsweise in München: Evangelische Briefseelsorge, Postfach 60 03 06, 81203 München oder: seelsorgereferat@elkb.de.

von Humor, Lebenslust und Sexualität und als sei Religion immer gleich eine Spaßbremse. Als der Moderator dann zu dem Gesprächsteil mit mir überging, wurde es in dem bis dahin lustig gestimmten Studio auf einmal recht leise, und die bisher muntere Runde machte einen geradezu betretenen Eindruck. Das fand nun ich geradezu komisch. Es scheint so, als habe Glaube gar nichts mit der Welt zu tun. Und dabei ist für mich Glaube mitten im Leben. Als der Mönch Martin Luther die Nonne Katharina von Bora heiratete, wollte er damit auch zeichenhaft klarmachen: Glaube spielt sich mitten im Alltag ab, nicht hinter Klostermauern.

Für mich ist der Glaube die Kraft, die mir die Möglichkeit gibt, im Leben zu bestehen, eine Orientierung zu finden für mein Denken, Reden und Handeln. Diese Kraft speist sich aus der Bibel, den Erzählungen von den Glaubenserfahrungen unserer Väter und Mütter im Glauben. Sie speist sich aus dem Gottesdienst, dieser gemeinsamen Feier, diesem Fest des Glaubens. So wünsche ich mir Gottesdienste auch, dass Menschen gestärkt aus ihnen hinausgehen in die Welt. Dazu kommen die Lieder und die Rituale, die Orientierung im Kirchenjahr an den großen Festen und Zeiten. Und dazu kommt das Gebet als regelmäßige, heilsame Unterbrechung des Alltags, die mir den Blick wieder weitet. Ich finde das Bild schön, dass früher, als die Menschen noch keine Uhren hatten, beim 12-Uhr-Mittagsgeläut viele für ein kurzes Gebet innehielten.

Es gibt im Evangelischen Gesangbuch[23] ein schönes Lied, das Jochen Klepper 1938 gedichtet hat. Es beginnt mit folgenden vier Versen:

23 Evangelisches Gesangbuch, Nr. 457.

1) Der Tag ist seiner Höhe nah. / Nun blick zum Höchsten auf, / der schützend auf dich niedersah / in jedes Tages Lauf.
2) Wie laut dich auch der Tag umgibt, / jetzt halte lauschend still, / weil er, der dich beschenkt und liebt, / die Gabe segnen will.
3) Der Mittag kommt. So tritt zum Mahl; / denk an den Tisch des Herrn. / Er weiß die Beter überall / und kommt zu Gaste gern.
4) Er segnet dich in Dorf und Stadt, / in Keller, Kammer, Feld. / Was dir der Herr gesegnet hat, / bleibt fortan wohl bestellt.

Es ist ein gutes Lied für den Alltag. Innehalten, darum geht es. Das Leben immer wieder neu an Gott ausrichten und sich nicht völlig gefangen nehmen lassen von den Anforderungen des Lebens. Jochen Klepper lebte im Glauben, war ein begabter Dichter und Literat, hat Romane geschrieben, die Menschen tief bewegt haben. Als Pfarrerssohn aufgewachsen, 1903 geboren, galt er schon früh als Außenseiter und Träumer, auch inmitten seiner vier Geschwister. Er studierte Theologie und brach doch dieses Studium mitten in der Prüfung ab. Er galt als labil, dabei mit einer großen Neigung zur Literatur, zum Dichten.

Klepper hat sehr gekämpft mit der Frage nach dem Sinn des Lebens. Zeilen der Verzweiflung sind aus seinen Tagebuchaufzeichnungen herauszulesen. Dann lernt er eine Witwe kennen, eine angesehene Frau mit zwei Töchtern, die ihn versteht und aufnimmt. Glücklich heiraten sie im Jahr 1931.

Den Advent liebte Jochen Klepper ganz besonders, seine Rituale, den Adventskranz, die Kerzen. Und seine jüdische Frau hat sich eingelassen auf diese christlichen Bräuche. Gerade das Wechselspiel von Licht und Dunkelheit war ihm ungeheuer wichtig. Aber die Zeit des Glücks währte nur allzu kurz, die

Nationalsozialisten verlangten, dass er sich von seiner geliebten Frau scheiden lassen sollte.

Jochen Klepper hat etwas gewusst vom Weinen in der Nacht – und vom Trost durch den Glauben. In einem Lied schreibt er: „Auch wer zur Nacht geweinet, der stimme froh mit ein."

Und wissen nicht auch wir etwas davon? Die Nacht ist auch eine Zeit der Wahrheit. Wenn wir nicht schlafen können, entweder beim Einschlafen oder beim allzu frühen Aufwachen, dann wird uns bewusst, welche Gespräche mit Menschen, die wir lieben, wir längst hätten führen sollen. Dann kommt an die Oberfläche, was wir hätten besser machen sollen oder welche Entscheidungen und Fragen längst anstehen. Dann spielt sich in unserem Kopf ein Theater dessen ab, was wir tun sollten. Und dann gibt es die Tränen der Nacht über verlorenes Leben, über verlorene Liebe, verlorenes Glück, das wir vielleicht hätten halten können. Das sind die Stunden, in denen wir Gott um Rat fragen, weil Gott uns durch diese Nacht hindurchträgt und tragen will. Wohl dem Menschen, der sich in solchen dunklen Stunden Gott anvertrauen kann.

Als seine jüdische Frau und ihre jüngere Tochter in ein KZ abtransportiert werden sollen, nimmt sich Jochen Klepper im Advent 1942 gemeinsam mit ihnen das Leben. Vor dem gemeinsamen Selbstmord mit seiner Frau Hanni und deren Tochter Renate schreibt er in sein Tagebuch: „Wir sterben nun – ach, auch das steht bei Gott – wir gehen heute Nacht gemeinsam in den Tod. Über uns steht in den letzten Stunden das Bild des segnenden Christus, der um uns ringt. In dessen Anblick endet unser Leben."

Mich hat diese Geschichte immer wieder bewegt. Ich denke, gerade weil Klepper so im Glauben verwurzelt war, konnte er auch den Tod, ja, sogar den selbst gewählten Tod, in seinen Glauben einordnen.

Sehnsucht nach Glauben

Talkshows wie die eben beschriebene finde ich oft anstrengend. Entweder du gerätst in eine derart merkwürdige Außenseiterposition: „Achtung, die Frau von der Kirche". Oder du versuchst, mitzureden, obwohl dich manches wirklich nicht interessiert. Ich erinnere mich an eine Talkrunde, bei der eine Dame damit begann, über das Tortenbacken zu reden, offenbar ihre Spezialität, aber das Ganze ununterbrochen mit sexuellen Anzüglichkeiten und entsprechendem Gegacker garnierte. Da wäre ich am liebsten aufgestanden und gegangen. Als es dann aber zum Thema Sterben kam, entstand in der Runde jedoch tatsächlich Tiefgang. Ein Sportler sagte: „Ich beneide Sie um Ihren Glauben, ich würde eigentlich gern beten können."

Das habe ich in letzter Zeit mehrfach erlebt. Besonders in Erinnerung ist mir eine Frau, die ich auf der Leipziger Messe traf. Sie sagte, sie lese mit ihren Kindern das Buch „Fünf Minuten mit dem lieben Gott", das ich einmal herausgegeben habe.

Es ist ein Versuch, den viele andere mitgestaltet haben, um Eltern und Kindern einmal am Tag einen kurzen Zugang zur Bibel zu ermöglichen. Die Frau erklärte, sie versuche auf diese Weise, ihren Kindern etwas vom Glauben zu vermitteln, weil sie selbst ganz und gar ohne jeden Glauben aufgewachsen sei, aber im Grunde Sehnsucht danach habe. Doch es sei schwer, sich da hineinzufinden. Das kann ich mir gut vorstellen. Und es tut mir leid, wenn Menschen mit einer Sehnsucht nach Glauben in unserer Kirche keine Hilfestellung finden, um den Schatz des Christentums für sich zu entdecken. Allzu oft übertönen wir mit Formeln und Regeln, was erst einmal einen elementaren Zugang braucht.

Dabei geht es um den Mut, zu fragen, und um den Mut, Antworten zu formulieren, auch wenn diese nicht perfekt sind. Als eine Frau mich einmal bat, ihr eine Kinderbibel zu signieren, sagte sie: „Die ist für mich. Da traue ich mich eher, die Bibel zu lesen, weil ich dann keine Angst haben muss, dass ich nichts verstehe." Eine sehr offene Antwort, die mir in ihrer Klarheit im Gedächtnis geblieben ist.

Egal, ob du sprachlich begabt bist oder nicht – wichtig ist, dass du dich mit dem Glauben auseinandersetzt. Wir brauchen Gespräche darüber, wer Jesus war. Glaubst du an die Auferstehung? Wie ist das denn nun mit dem Heiligen Geist? Vergibt Gott alles? Dann angstfrei miteinander nach Antworten zu suchen, das hilft, eigene Fragen zu klären und auch eine Sprache für den Glauben zu finden. Für mich selbst ist es oft so, dass eine sehr konkrete Frage mich herausfordert, meinen Glauben neu in Worte zu fassen.

„Warum lässt Gott mich so leiden?", ist so eine Frage ...

Es gibt aber auch Trauer um den Verlust des Glaubens.

Das kommt in folgendem Brief gut zum Ausdruck, finde ich:

Sehr geehrte Frau Käßmann,

seit sich mein Kinderglaube eines Tages verabschiedet hat – abrupt, grußlos und ohne die Nachfolge zu regeln –, kämpfe ich um Alternativen. Den Versuch, ein guter Atheist zu werden, musste ich nach ein paar Jahren aufgeben. Seither begleiten mich Zweifel und Verzweiflung, unterbrochen von lichten Momenten. Das Vorbild und die Freundschaft von einer Handvoll Menschen, auch die Anbindung an eine kleine, nette Gemeinde, verhindert das Aufgeben.

Der Gedanke, sich in die Tradition einer langen Reihe zweifelnd Glaubender zu stellen, ist schön und tröstlich. Irgendwann hatte ich schon verstanden, dass es mit der Fähigkeit, zu glauben, etwa so ist wie mit der Fähigkeit, zu singen: Ich tu es wahnsinnig gern und kann es überhaupt nicht. Seit dieser Erkenntnis geht es mir besser. Ich suche nicht mehr so wütend und

weniger verzweifelt. Dabei konnte ich erstaunlicherweise trotz-
dem schon immer das gut zulassen, was Sie mit „Befiehl du
deine Wege" beschreiben.

Was aber weiter schmerzt, ist, dass meine Zweifel dann doch
verhindert haben, meinen Söhnen einen unvoreingenomme-
nen, offenen Zugang zum Glauben zu ermöglichen. Trotz kon-
fessionell gebundener Schulen und Zugehörigkeit zu einer Ge-
meinde.

Auf meinem Weg habe ich inzwischen begriffen, dass ich
wohl ein Leben lang mit dem Glauben ringen werde. Es trös-
tet, dass so große Denker wie Martin Niemöller, Dorothee Sölle
und sogar Luther, auch die Erzähler der Bibel, nicht von Zwei-
feln frei waren.

Genießen Sie das Bewusstsein, Glauben in der Familie teilen
zu können! Es tut weh, wenn das fehlt …

Dieser Brief ist sechs Seiten lang, ich habe hier nur einen kleinen
Ausschnitt wiedergegeben. Diese Frau hadert nicht nur selbst
mit dem Glauben, sondern auch damit, dass sie meint, durch
ihr eigenes Zweifeln den Glauben nicht wirklich an ihre Kinder
weitergegeben zu haben. Niemand kann sie drängen, zu glauben.
Glaube entsteht nicht durch Druck, Drohung, Ermahnung, Be-
drängen. Darüber nachzudenken, hat mir klarer gemacht, dass
Glaube ein Geschenk ist, wie Luther sagt. Ich kenne auch Zweifel, aber ich bin dankbar für dieses Geschenk des Glaubens. Vielleicht ist es mit dem Annehmen so wie mit realen Geschenken.
Eine meiner Töchter hat dreimal hintereinander mein Weih-
nachtsgeschenk umtauschen wollen. Das hat mich geärgert,
nein, mehr noch, eher verletzt. Ich habe ihr dann geschenkt, was
sie vorher für sich ausgesucht hatte, aber das fand ich eigentlich nicht wirklich schön. Inzwischen sind wir wieder bei über-
raschenden Geschenken angelangt. Seit dieser Erfahrung nehme

ich selbst aber jedes Geschenk mit anderen Augen entgegen und freue mich. Es geht ja um die Geste. Ich nehme es an, ob es mir gefällt oder nicht, und sage auch nichts, wenn ich zum Beispiel ein Buch schon habe. Mir ist klar, der Vergleich ist gewagt. Aber so nehme ich auch den Glauben für mich an, trotz der Zweifel, die ich kenne. Und ich bin meiner Kirche verbunden trotz der Kritik an ihrem Wirken, die ich verstehe.

Und während die einen zweifeln und ringen und hadern, schreiben mir andere in einer ganz anderen Haltung, so wie diese Frau:

Mein Name ist Irene und ich bin aufgrund meiner MS-Erkrankung auf den Rollstuhl angewiesen. Nur dank mehrerer freiwilliger Helfer und einer privat bezahlten Pflegekraft ist mir der Aufenthalt daheim möglich. Meine Freundin Magdalena sitzt seit fünf Jahren als querschnittsgelähmte Tetraplegikerin im Rollstuhl, sie wohnt in einem gemeinnützig geführten Pflegeheim. Wir sind beide 56 Jahre alt.

Nun haben wir beide schon mehrfach die Kraft des Gebets erfahren dürfen. Deshalb kamen wir auf die Idee, ein Gebet öffentlich zu machen. Wir wollen damit aus der Sicht von Betroffenen darauf aufmerksam machen, in welch dramatischer Weise sich die Arbeitsbedingungen für das Pflegepersonal – und dadurch auch die Pflegesituation für Pflegebedürftige – in den vergangenen Jahren zunächst schleichend, aber dann bis heute signifikant verschlechtert haben.

Deshalb möchten wir Sie herzlich bitten, im Rahmen Ihrer Öffentlichkeitsarbeit, wenn möglich, zum gemeinsamen Gebet aufzurufen auf die dringliche Notwendigkeit der Verbesserung der Pflegesituation hinzuweisen.

Wir grüßen Sie sehr herzlich und wünschen Ihnen Gottes Segen.

Mich hat das sehr beeindruckt. Hier sind zwei Frauen, die mit einer schweren gesundheitlichen Belastung konfrontiert sind. Aber sie sind gar nicht so sehr auf sich und ihre Lage konzentriert, sondern überlegen, wie sie für andere Erkrankte und für das Pflegepersonal etwas tun können. Das ist eine Haltung, die ich großartig finde.

Kritik an Religion und Kirche

Der Autor Wilhelm Schmid hat in einem Interview gesagt: „Moderne heißt sich absichtsvoll befreien von Religion, Tradition und Konvention. Das sind die Instrumente, die definieren, wie man zu leben hat. Nur etwas war von vornherein nicht bedacht worden: Was machen wir dann?"[24]

Wenn ich nicht mehr weiterweiß, keinen Weg sehe, die Herausforderungen des Lebens zu bewältigen, dann brauche ich einen Grund, auf dem ich stehen kann. Für Wilhelm Schmid ist „Lebenskunst" die Antwort. Für mich der christliche Glaube. Die Tradition unserer Väter und Mütter im Glauben gibt mir persönlich Orientierung, sie stärkt meine Seele. Das Entsorgen von Religion, Tradition und Konvention erscheint mir nicht als Befreiung. Gewiss, ich verstehe wie gesagt, was die sogenannte 68er-Generation bewegt hat, teilweise habe ich selbst (Jahrgang 1958) das ja noch erlebt, wie Konventionen die Menschen eingeengt haben. Da musste eine junge Frau heiraten, weil sie schwanger war, obwohl sie mit dem Mann gar nicht leben wollte. Da galt es als problematisch, vor der Ehe Sex zu haben. Frauen wurden in Rollen gedrängt und Männer auch. Wenn also manche so gern über „die 68er" lästern, dann denke ich: Zurück in die 50er-Jahre mit all dem Druck wollt ihr doch auch nicht! Und doch: Sosehr es notwendig war, starre Verhaltensweisen

24 „Ich hasse das Thema Glück mittlerweile." Ein Gespräch mit dem Philosophen Wilhelm Schmid, in: DIE ZEIT, 23. Dezember 2015, S. 50.

zu hinterfragen, sind Konventionen andererseits auch hilfreich. Vor einer Reise nach Japan hielt uns ein Kenner des Landes kürzlich einen Vortrag über „Dos und Don'ts" in diesem Land. Etwa: Niemals offen kritisieren, denn Gesichtsverlust des anderen, das geht gar nicht. Oder: Öffentlich laut telefonieren gilt als Affront. Und: Andere mit einer Erkältung anniesen, das macht „man" nicht. Ach, dachte ich, würde sich jemand trauen, das alles hier in Deutschland zu sagen? Die genannten Verhaltensregeln finde ich eigentlich ganz gut. In der Bahn mal zu sagen: Gerade sitzen sieht besser aus. Oder: Pöbelei geht gar nicht. Und: Ihr Geplärre im ICE ist ätzend! Wir sagen all so etwas nicht mehr. Warum? Weil es als spießig gilt?

Leben mit klaren Verhaltensregeln kann Gutes bewirken. Neuerdings gibt es wieder Benimm-Kurse für Kinder. Das ist nun wieder ein Extrem. Aber ich halte es nicht für unfeministisch, wenn mir ein Mann in den Mantel hilft. Und als neulich ein junger Mann mit offensichtlichem Migrationshintergrund in der Berliner S-Bahn für eine alte Dame aufstand, hat mich das gefreut. Es geht um die richtige Balance zwischen Individualität und gemeinsamen Konventionen.

Traditionen können einengen, ja. Was „man" macht und was nicht, das hat Generationen belastet und bedrückt. Aber sie können auch unser Zusammenleben gestalten. Das geht mir gerade mit den Rhythmen so, die der christliche Glaube anbietet. Das Jahr gestalten mit Fest- und Fastenzeiten. Abwarten können, bis die Adventszeit beginnt. Den Osterschmuck aus der Kiste holen. Und wenn mich alle Jahre wieder ein Reporter fragt, wie ich es denn mit der Unterdrückung durch das Tanzverbot an Karfreitag halte, dann frage ich inzwischen zurück, ob er denn an jedem der anderen 364 Tage tanzen geht. Einen Tag im Jahr anders zu gestalten aus guter Tradition, das hat doch was. Und wir sehen ja auch, wie manche Traditionen neu wertgeschätzt werden, selbst in ganz säkularem Kontext. Osterfeuer etwa gibt es in ganz Deutschland.

Kritik an Religion und Kirche ist wichtig und richtig. Viel zu lange wurde verschwiegen, was im Argen lag und liegt. Kritischer Geist in der Religion ist für mich reformatorischer Geist, ganz unabhängig davon, welche Religion oder Konfession es betrifft. Fragen dürfen, infrage stellen, selbst denken, das allein bringt Freiheit mit sich und schützt vor Fundamentalismus. Und eine Institution wie die Kirche muss sich Kritik stellen, weil sie wie jede Institution allzu schnell zu einem bürokratischen System erstarrt, das jede Veränderung abwehrt.

Der Schock über den Missbrauch von Kindern durch Priester hat viele Menschen an ihrer Kirche verzweifeln lassen. Der Zorn ist berechtigt, Kindesmissbrauch ist ein schreckliches Verbrechen. Dass die Kirche meinte, dieses Verbrechen verdecken zu können, das hat Menschen noch mehr aufgebracht, und zwar zu Recht. Es gibt keinen Raum der Rechtsfreiheit, auch keinen, den die Kirche für sich beanspruchen dürfte.

Für mich als lutherische Christin ist die Kirche nicht heilig, keine Institution, die ich nicht hinterfragen darf. Mich ärgert es oft, wenn ich sehe, wie mögliche Veränderung blockiert wird, wenn man beim bisherigen bleibt, weil es „schon immer so war". Oder aus Angst davor, wie es in der Öffentlichkeit ankommen könnte, wenn eine Entscheidung nicht getroffen wird, obwohl sie eigentlich der eigenen Grundüberzeugung entspricht. Andererseits ärgert mich manchmal auch Kritik an der Kirche, wenn ich sehe, wie sehr Menschen darum ringen, sie gut zu gestalten. Da sind Hauptamtliche, die aus tiefer Überzeugung im kirchlichen Dienst stehen, und Ehrenamtliche, die ihre freie Zeit in die Leitung und Gestaltung der Kirche investieren. Gewiss, sie machen Fehler. Aber es gibt nicht „die" Kirche, sondern es sind Menschen, die Kirche gestalten. Immer wieder in der Kirchengeschichte haben sich Menschen auf das Evangelium zurückbesonnen, wenn die Institution zu sehr erstarrte. Und dann gab es Aufbrüche durch Erneuerungsbewegungen.

Ich sehe die Fehler und Fehlleistungen meiner Kirche. Aber ich habe eine große Liebe zu ihr als Ort der Gemeinschaft und der Beheimatung. Im Februar 2016 habe ich verschiedene Kirchen in Asien besucht, um für das Reformationsjubiläum 2017 zu werben. Länder wie Indien, Bangladesch und Indonesien, die ich als Touristin nicht besuchen würde, weil die Armut so groß ist, dass ich die Diskrepanz zwischen mir als reicher Urlauberin und den Einwohnerinnen und Einwohnern als Gastgebern schwer hinnehmen könnte. Aber wenn dich der Kollege vom Flughafen abholt, du bei der Kirchenvorsteherin zu Abend isst, kommst du in eine Glaubensfamilie. Alles ist anders als bei uns, aber doch darfst du dich zugehörig fühlen. Es ist anrührend, wie Frauen, die du nicht kennst, dich einfach mitnehmen, mit dir auf Augenhöhe reden, dir von dem Leid erzählen, ohne dass etwas Herablassendes dazwischenstehen könnte. Ich denke an diejenigen, die sich engagieren, um den Waisen des Einsturzes von Rana Plaza zur Seite zu stehen. Sie sind mir auf meiner Reise begegnet. Mich bewegt, in einem Gottesdienst predigen zu dürfen, wir singen dieselben Lieder, kennen dieselben Texte, und doch ist unser Kontext so verschieden. Aber die Verschiedenheit ist nicht trennend, die Verbundenheit ist stärker. Auf dieser Grundlage lässt sich dann auch über ungerechte Strukturen, neue Perspektiven und gemeinsame Hoffnungen sprechen.

Sehr anders habe ich das in Thailand erlebt. Viele Deutsche, die ich getroffen habe, können dort mit ihrer für deutsche Verhältnisse kleinen Rente auf relativ großem Fuß leben. Es ist gut, wenn sie in der Kirchengemeinde einen Ort der Gemeinschaft haben. Aber es ist keine Gemeinschaft, die sie mit den jungen Frauen teilen, die mit ihnen leben, weil sie keine andere Möglichkeit sehen, sich und ihre Familie zu ernähren. Von Augenhöhe kann da keine Rede sein. Was das wohl mit Seelen macht, habe ich mich gefragt …

Trotz allem

„Verachten Sie Atheisten?", hat mich kürzlich ein Mann gefragt. Aber nein, warum sollte ich? Mir ist doch klar, dass ein Mensch ohne Glauben leben kann. Ja, ein überzeugter Humanist wird auch sehr ähnliche Vorstellungen von Weltverantwortung haben, wie ich sie aus meinem Glauben als Christin ableite. Sinnbildlich deutlich geworden ist mir das am 15. Februar 2003 bei der Demonstration gegen den Irakkrieg in Berlin. Mit Tausenden von Menschen haben Bischof Wolfgang Huber und ich eine Friedensandacht im Berliner Dom abgehalten. Danach gingen wir durch die Tür des Domes hinaus und reihten uns in den Demonstrationszug ein, der am Dom vorbeilief. Eine halbe Million Menschen waren das, die Christinnen und Christen ein Teil von ihnen. Menschen mit unterschiedlichen Motiven, aber demselben Ziel …

Niemand muss sich verteidigen, wenn er keinen Glauben hat. Aber mich ärgert, dass offenbar immer öfter Menschen sich rechtfertigen müssen, weil sie an Gott glauben. Als sei das in einer aufgeklärten, wissenschaftsorientierten Welt völlig naiv, ja, geradezu verschroben. Einer Welt, die feststellt: Es gibt keinen Gottesbeweis.

Am Ende, so scheint mir, können wir einerseits nur in den Schrei nach Gott einstimmen, weil wir Beistand brauchen, für unser Leben und für unsere Welt. Und andererseits können wir nur tun, was in unserer Macht steht, um unsere eigenen Lebenslasten zu tragen und anderen zu helfen, die ihren zu schultern. Wir können Gott erfahren und müssen damit leben, dass wir Gott nicht greifen können. Wir können Gott suchen in den

Worten der Bibel und werden immer wieder auch den Zweifel kennen. Nein, es gibt keinen Beweis für Gott. Aber es gibt auch keinen Beweis, dass es Gott nicht gibt. Im Zweifel vertraue ich mich dem Glauben an, den Jesus selbst weitergegeben hat, und bleibe bei der Du-Beziehung, die mein Leben prägt.

Vielleicht sind es ja die kleinen Dinge, in denen wir Gott finden und die wir allzu oft übersehen. Sehr schön hat das Mechthild von Magdeburg im 15. Jahrhundert formuliert:

Gott ähnelt der Seele in fünf Dingen.
O du schöne Rose im Dickicht!
O du fliegende Biene am Honig!
O du reine Taube in deinem Fortbestehen!
O du Sonne mit deinem Glanz!
O du Vollmond, wie du stehst!
Ich vermag mich nicht von dir abzuwenden.[VI]

6

Nehmen denn Unrecht und Krieg nie ein Ende?

Die bleibende Hoffnung auf eine bessere Welt

Sobald wir Nachrichten hören, die Tagesschau im Fernsehen sehen, die Zeitung aufschlagen oder ein Magazin lesen, begegnen uns die Themen Gewalt und Krieg. IS-Truppen haben alle ihre Gefangenen hingerichtet, eine Stadt wurde dem Erdboden gleichgemacht, ein Krankenhaus zerbombt. Am Flughafen im Istanbul hat ein Terrorkommando 45 Menschen getötet und über 200 andere schwer verletzt. Die NATO hält Manöver in Osteuropa ab, und die Frage entsteht, ob der Konflikt um die Krim einen neuen Krieg in Europa denkbar macht. Jeden Tag dringt mindestens eine neue Schreckensnachricht in mein Bewusstsein. Wer kann so viel Leid fassen? Wie können wir mit solchen Schreckensnachrichten umgehen? Wie gehen wir mit dieser medialen Überinformation um, die keine Generation vor uns kannte?

Manche fragen sich auch: Wann erreicht der Terror uns, hier im scheinbar sicheren Deutschland? Mehrfach haben die Sicherheitsbehörden schon Anschläge verhindert. Wie lange wird es noch gut gehen? Wann explodiert die erste Bombe auf einem deutschen Bahnhof oder Flughafen? Und was macht das mit meiner Seele, ständig diese latente Angst im Nacken zu haben?

Konstantin Wecker hat im Jahr 1982 getextet:

Wenn unsre Brüder kommen
mit Bomben und Gewehren,
dann wolln wir sie umarmen,
dann wolln wir uns nicht wehren.

Sie sehen aus wie Feinde,
sie tragen Uniformen,
sie sind wie wir verblendet
und festgefahrn in Normen.

Auch wenn sie anders sprechen,
wir wolln mit ihnen reden.
Es solln die Präsidenten
sich doch allein befehden!

Jedoch, bevor sie kommen,
wär's gut, sich zu besinnen.
Ein jeder muss die Liebe
mit sich allein beginnen.

Wenn unsre Brüder kommen
mit Bomben und Gewehren,
dann wolln wir sie umarmen,
dann wolln wir uns nicht wehren. [VII]

Ich habe Konstantin Wecker vor einigen Jahren bei einer Rundfunksendung persönlich kennengelernt. Zu der wurden wir eingeladen, nachdem er sich bei Facebook vehement darüber beschwert hatte, welchem Shitstorm ich nach einem Interview im SPIEGEL ausgesetzt war, in dem ich für den Pazifismus plädiert hatte. Konstantin kann sehr lebhaft erzählen, welchen Spott, wie viel Kritik ihm dieses eben zitierte Lied eingebracht hat, das er während der sogenannten NATO-Nachrüstungsdebatte gesungen hat. Als Joan Baez, eine Frau, die für unsere Generation und ihre Friedensbewegung eine Art Ikone war, im Juli 2015 dieses Lied bei einem Konzert in Wien gesungen hat, hat ihn das neu ermutigt, ja, getröstet, fasziniert und bestärkt. Es ist ein provozierender Text. Und es ist gut, ihn zu hören. Denn nur solche Provokationen können uns dazu bringen, irgendwann den Kreislauf der Gewalt zu durchbrechen. Doch, eine bessere Welt ist möglich!

Vorbilder

Wir haben seitdem ab und an etwas miteinander gestaltet, zum Beispiel einen besonders schönen Abend während des Kirchentages 2015 in Stuttgart, und auch ein Buch gemeinsam herausgegeben. Für dieses Buch haben wir beide Texte aus der Geschichte des Pazifismus herausgesucht. Mich hat das sehr bewegt. Schon immer haben Menschen offenbar belacht, dass einige meinen, Gewalt sollte nicht mit Gewalt beantwortet werden. Auf der Suche nach Vorbildern ist Bertha von Suttner für mich wichtig geworden.

Entdeckt habe ich diese Frau, deren Name mir natürlich schon vorher ein Begriff war, im Jahr 2014. Damals bat mich der Oberbürgermeister von Gotha, aus Anlass des 100. Jahrestages ihrer Beisetzung in dieser Stadt am 28. Juni eine Gedenkrede zu halten. Ihre Biografie, die ich gelesen habe, hat mich beeindruckt. Mehr als 20 Jahre lang hatte sie unermüdlich vor einem möglichen Krieg gewarnt. Sie hatte gehofft, die Menschheit könnte weise werden.

Am Tag ihres Begräbnisses wurden in Sarajewo der österreichisch-ungarische Thronfolger und seine Ehefrau erschossen. Es begann der Erste Weltkrieg, ein entsetzliches Gemetzel, das zehn Millionen Menschen das Leben kostete. Vielleicht war es eine Gnade, dass sie kurz vor Beginn des Krieges starb.

In der jüngsten Biografie schreibt Brigitte Hamann sehr eindrücklich, dass Bertha von Suttner zwar als Komtesse Kinsky geboren wurde, aber als „Bastard der Familie" galt. Ihre Mutter war nicht adeliger Herkunft und ihr Vater starb 75-jährig kurz vor ihrer Geburt.[25] Dieses Grundgefühl wird sie geprägt haben, als Erfahrung von Ausgrenzung und Unrecht. Es steigerte sich noch, als sie 1876 heimlich den sieben Jahre jüngeren Arthur Gundaccar heiratete und mit ihm, von Idealismus getrieben, für Jahre in den Kaukasus ging, um frei vom Familieneinfluss miteinander zu leben. Ihr Leben lang werden Bertha von Suttner Geldsorgen ebenso begleiten wie die Erfahrung von Ausgrenzung…

Wie aber wird eine solche Frau zur glühenden Pazifistin? Kriegserlebnisse hatte sie nicht gemacht. Ausschlaggebend war die Begegnung mit Alfred Nobel, bei dem sie als Haushälterin tätig war. Bertha lernte durch Alfred Nobel neue Kreise kennen, erfuhr von den Friedensgesellschaften und Friedensvereinen in Deutschland, England, Frankreich und Dänemark. Die zweibändige, fiktive Autobiografie einer Adligen unter dem Titel „Die Waffen nieder" wurde ihr bekanntestes Werk. Drastisch beschreibt sie die Realität des sogenannten Heldentodes: „Wenn einer nach verlorener Schlacht mit zerschmetterten Gliedern auf dem Felde liegen bleibt und da ungefunden durch vier oder fünf Tage und Nächte an Durst, Hunger, unter unsäglichen Schmerzen, lebend verfaulend, zugrunde geht – dabei wissend, daß durch seinen Tod dem besagten Vaterlande nichts geholfen, seinen Lieben aber Verzweiflung gebracht worden – ich möchte wissen, ob er die ganze Zeit über mit jenem Rufe (‚Für das Vaterland') gern stirbt."[26] Noch einmal Hamann: „Schonungslos enthüllt Suttner die Heuchelei einer Gesellschaft, die

25 Brigitte Hamann, Bertha von Suttner. Kämpferin für den Frieden, Wien 2013, S. 13.
26 Ebd. S. 91f.

den Krieg als Bewährungs- und Mutprobe für den Mann bagatellisiert und verherrlicht. Sie geißelt die Leichtfertigkeit, mit der die Mächtigen einen Krieg riskieren, um ihre angebliche ‚Ehre' zu retten. Sie kritisiert die Kirche, die die Waffen segnet, und die Naivität des Glaubens, Gott würde im Krieg helfen: Ruft doch der Gegner denselben Gott an.“[27]

Bertha von Suttner wurde zur unermüdlichen Friedensaktivistin. Sie freute sich, als sie den Begriff Pazifistin für sich entdeckte. Das klang besser als „Friedensfreundin“, fand sie. Und sie hatte recht. Auf Vortragsreisen, Konferenzen und in Gesprächen warb sie unermüdlich für den Frieden. Als Alfred Nobel 1897 starb, hoffte sie, er habe der Friedensbewegung einen großen Teil seines Vermögens hinterlassen. Er aber hatte sein Geld für einen Fonds bestimmt, aus dessen Zinsen jährlich fünf Preise an Menschen zu vergeben seien, „die für das Wohl der Menschheit Ersprießliches geleistet hätten, und zwar auf dem Gebiet der Physik, der Chemie, der Medizin, der Literatur“[28] und des Friedens. Der erste Friedensnobelpreis wurde 1901 an Frédéric Passy und Henri Dunant verliehen. Bertha von Suttner selbst wurde 1905, als erster Frau, die Auszeichnung zuerkannt.

Sie war mutig genug, gegen den Strom zu schwimmen, auch wenn es ihr gegenüber viel Häme gab. Die Kriegslobby war stark und hatte auch ökonomische Interessen – genau wie heute. Pazifisten gelten da schnell als „Träumer und Spinner“. Ich kann nicht verstehen, warum. Wir haben in den vergangenen hundert Jahren nicht nur den Ersten, sondern auch den Zweiten Weltkrieg im kollektiven Gedächtnis. 37 Millionen Tote! Es bleibt die Hoffnung: Nie wieder Krieg. Stattdessen erlebten wir die Wiederbewaffnung von Armeen in Deutschland, in Ost und West. Ganz aktuell sehen wir fassungslos auf die Bürgerkriege

27 Ebd. S. 93.
28 Ebd. S. 226.

in Syrien und dem Sudan, die kriegerischen Auseinandersetzungen im Irak. Und wieder scheint es nur eine Antwort zu geben: Abschreckung und militärisches Eingreifen, heute gern unter der Überschrift „aus humanitären Gründen".

Bertha von Suttner war überzeugt, Frieden lasse sich nicht durch Abschreckung, sondern allein durch „internationale Vereinbarung, Verhinderung der Kriegsursachen, Abbau von Feindbildern, internationale Verständigung…" erreichen.[29] Diese Hoffnung ist auch über eine Distanz von 100 Jahren die gleiche geblieben.

Ich bewundere Bertha von Suttner. Sie wurde als „Friedensbertha" belacht, ließ sich aber nicht beirren. Sie hat viele Rückschläge erlitten, etwa, als der Zar nicht wie erhofft zum Friedensboten wurde. Aber sie hat sich dennoch weiter engagiert. Sie hatte den Mut, an ihren Traum zu glauben.

Wir haben nicht viele Vorbilder in Sachen Pazifismus. Und Frauen schon gar nicht. Und es fehlt uns grundsätzlich an Menschen, die widerständig sind. Nach dem Ende des Ersten Weltkrieges schrieb Stefan Zweig: „Aber ebendiese Frau, von der man meinte, sie habe nichts als ihre drei Worte der Welt zu sagen, … wußte ja …. um die fast vernichtende Tragik des Pazifismus, daß er nie zeitgemäß erscheint, im Frieden überflüssig, im Kriege wahnwitzig, im Frieden kraftlos ist und in der Kriegszeit hilflos. Dennoch hat sie es auf sich genommen, zeitlebens für die Welt ein Don Quichotte, der gegen Windmühlen ficht."[30] Dem ist nichts hinzuzufügen.

29 Ebd. S. 217.
30 Ebd. S. 8.

Visionen erhalten

Es fällt oft schwer, Visionen aufrechtzuerhalten in einer Welt des Pragmatismus. Da regieren der Kapitalismus, der meint, mit Geld alles lösen zu können, und der Militarismus, der keine Fantasie für den Frieden kennt, sondern stattdessen Konflikte immer und immer wieder mit Waffen lösen will. Wer dagegen aufbegehrt, wird in der Regel mit Spott und Häme nur so übergossen, von den sogenannten „sozialen" Medien ebenso wie von den gedruckten Nachrichtenmagazinen und Zeitungen. Mir ist es mehr als einmal so ergangen und ich habe mich gefragt, ob es nicht besser ist, sich zurückzuziehen, die Ruhe zu suchen, sich schlicht nicht mehr mit all dem Elend dieser Welt zu befassen. Das wäre einfacher. Aber ich kann es schlicht nicht lassen, mich einzumischen, weil ich das als Christenpflicht ansehe. Ein Beispiel aus der letzten Zeit will ich nennen:

Zu Ostern 2016 hat mich die „Bild am Sonntag" um ein Interview gebeten zum Thema „Ostern in Zeiten des Terrors". Ich gebe es hier wieder:[VIII]

BILD am SONNTAG: Erleben wir gerade einen Kreuzzug gegen unseren Glauben?

Margot Käßmann: Die Anschläge sind eine Kampfansage gegen unsere Freiheit, ganz gleich ob wir Juden, Christen, Muslime oder nicht gläubig sind. Ich würde den Terroristen gerne antworten: Ihr seid die Angstbestimmten! Ihr habt Angst vor unserer Freiheit – der Freiheit der Frauen, der Homosexuellen oder der Freiheit der liberalen Gesellschaft, das zu sagen, was man denkt.

Die Attentäter glauben, sie würden für ihre Taten im Paradies bei den 72 Jungfrauen landen.

Wessen Paradies soll das sein? Es ist definitiv kein Paradies für Frauen. Im Christentum gibt es die Überzeugung, dass wir eines Tages vor Gott über unser Leben Rechenschaft ablegen müssen. Und ich glaube, dass auch diese Terroristen vor Gott stehen und sich angucken müssen, wie viel Leid sie gebracht haben.

Was würde Jesus zum Terror sagen? Würde Jesus den Terroristen vergeben?

Jesus hat eine Herausforderung hinterlassen: Liebet eure Feinde! Betet für die, die euch verfolgen! Er hat sich nicht verführen lassen, auf Gewalt mit Gewalt zu antworten. Für Terroristen, die meinen, dass Menschen im Namen Gottes töten dürfen, ist das die größte Provokation. Wir sollten versuchen, den Terroristen mit Beten und Liebe zu begegnen.

Das wäre übermenschlich …

Ja, eine solche Haltung wird belacht und sie wird auch viele Menschen überfordern. Weil es der menschliche Instinkt ist, Rache zu üben. Aber auf den Hass nicht mit Hass zu antworten, das ist die Herausforderung. Die größten Persönlichkeiten in der Geschichte sind nicht Stalin, Hitler oder Pol Pot, sondern Martin Luther King, Mahatma Gandhi oder Aung San Suu Kyi, die nicht mit Gewalt reagierten.

Aber muss man nicht manchmal töten, um Schlimmeres zu verhindern?

Das ist die Logik der Macht. Als Christin bin ich fest davon überzeugt, dass wer den Kreislauf der Gewalt durchbricht, am Ende der Mächtigere ist. Jesus wurde unvergesslich, weil er am Kreuz starb und nicht zum Schwert griff.

Nehmen wir ein Beispiel aus der jüngeren Geschichte: Millionen von Menschen wären gerettet worden, wenn Hitler frühzeitig getötet worden wäre.

Sie wären gerettet worden, wenn sich alle Christen dem Holocaust entgegengestellt hätten. Wenn Soldaten sich geweigert hätten, nach Stalingrad zu ziehen. Es braucht keinen Tyrannenmord, wenn es einen Geist des Widerstands gibt.

Aber wie lässt sich der notwendige Kampf gegen den Terror mit dem biblischen Gebot vereinbaren, die andere Wange hinzuhalten?

In der Bibel steht auch: „Seid klug wie die Schlangen und ohne Falsch wie die Tauben." Klug sein heißt in diesem Fall auch, sich nicht auf das Spiel der Terroristen einzulassen und mit noch mehr Gewalt und noch mehr Einschränkung unserer Freiheit zu reagieren.

Was wäre denn die richtige Reaktion?

Wir sollten unsere Freude und unseren Stolz darüber zeigen, dass wir leben können, wie wir wollen. Dass bei uns Frauen einen kurzen Rock tragen dürfen oder ein Kopftuch, wenn sie das wollen. Wir sollten jetzt erst recht auf die Straße gehen, tanzen, in den Cafés sitzen und Fußballspiele nicht absagen. Damit zeigen wir den Terroristen: Wir lassen uns von euch nicht Angst machen! Wir lassen uns unsere Freiheit nicht nehmen.

Als individuelle Entscheidung mag das gehen. Aber ein Staat muss ja alles tun, um seine Bürger zu schützen.

Ja, der Staat muss seine Bürger schützen. Aber was wir in Europa an Freiheit erreicht haben, das sollte der Staat nicht durch Terroristen einschränken lassen. Er muss die richtige Balance finden.

Was sollte die Reaktion der Gesellschaft sein?

Denen, die Terror erlebt haben oder die Menschen an ihn ver-loren haben, Raum für ihre Trauer zu geben. Sie zu trösten, aufzufangen, zu begleiten. Niemand kann von ihnen erwarten, zu vergeben. Meine Erfahrung ist: Wer vergeben kann, hat am Ende größere Freiheit. Aber das kann man niemandem auf-zwingen. Außerdem sollten wir mehr über die Opfer erzählen, über ihre Leben, ihre Hoffnungen. Und nicht die Täter in den Mittelpunkt stellen.

Wie kann man Kindern vom Terror erzählen, ohne ihnen Angst zu machen?

Wir sollten Kindern nicht vormachen, dass die Welt rosarot ist. Wir sollten ihnen sagen, dass es böse Menschen gibt. Das kennen sie aus der Bibel und aus Märchen. Wichtig ist, ihnen gleichzeitig zu sagen, dass es auch gute Menschen gibt, die sie beschützen wollen und ihnen die Kraft geben, aufrecht durchs Leben zu gehen.

Was kann ich als Christ gegen die Angst vor Terror tun?

Beten. Nicht allein bleiben. In den Gottesdienst gehen. Mit an-deren reden. Zeichen der Hoffnung setzen, etwa, indem Chris-ten und Muslime sich gegenseitig einladen.

Aber das nimmt die Angst ja nicht ...

Ich persönlich bin davon überzeugt, dass ich von Gott gehal-ten bin – im Leben wie im Sterben. Das nimmt dem Tod sei-nen größten Schrecken. Die Freiheit eines Christenmenschen besteht darin, dass ich den Menschen, die mich bedrohen, nicht die Deutungshoheit über mein Leben zugestehe.

Was sagen Sie in solchen Situationen auf die Frage: Wie kann Gott das zulassen?

Ich bin überzeugt, dass Gott weder Terroristen noch Leid in die Welt schickt. Er ist kein Marionettenspieler, der Menschen mit Tsunami, Terrorakt oder Krebsdiagnose konfrontiert. Gott ist da, wo Menschen leiden. Er gibt ihnen die Kraft, weiterzuleben. Das habe ich immer wieder erfahren.

Welchen Trost kann Ostern in Zeiten des Terrors geben?

Ostern zeigt: Der Tod hat nicht das letzte Wort. Gott hat es. Und damit das Leben. Ostern ist eben nicht ein niedliches Eier-Häschen-Küken-Fest. Es geht um grundlegende Fragen des Lebens. Ich bin überzeugt, dass es ein Leben nach dem Tod gibt und dass die Liebe das stärkste Band ist. Wer einen Menschen verloren hat, weiß: Solange die Liebe bleibt, ist er nicht ganz gegangen.

Das Interview hat mir eine Art österlichen Shitstorm beschert, auch vonseiten sich explizit christlich nennender Zeitgenossen. Wie viel Bosheit im Netz vorhanden ist, das ist das eine. Wenn jemand schreibt, ich sei das „Kanzel-Luder der Djihadisten" sagt das mehr über ihn selbst aus als über mich. Aber wenn sich Menschen empören, wie ich hier Jesus zitieren könne und nicht gut lutherisch die zwei Regimenter unterscheide, dann frage ich mich, wie ich die Bibel lesen soll. Jesus provoziert bis heute, in der Tat. Und gerade sogenannte evangelikale Christinnen und Christen, die die Bibel höchst ungern historisch kritisch lesen wollen, können doch die Worte Jesu nicht relativieren.

Aber gerade in solchen Kreisen wird gern viel Kritik zusammengetragen, etwa vom früheren Heeresinspekteur Generalleutnant a. D. Helmut Willmann (Bonn). Der sagte, so idea, „dass Käßmann einen ‚fast fundamentalistischen Pazifismus' vertrete: ‚Sie macht zwischen der Gesinnungsethik für den

Einzelnen und einer allgemeinen Verantwortungsethik keinen Unterschied.' Sie übertrage die Aussagen der Bergpredigt – ‚Liebet eure Feinde und betet für die, die euch verfolgen‘ (Matthäus 5,44) – auf die Politik: ‚Das würde dann bedeuten, dass ein Staat seiner Aufgabe, die Bürger nach innen und außen zu schützen, nicht nachkommt. Es wäre eine vollkommene Schutzlosigkeit. Das kann Jesus in der Bergpredigt nicht gemeint haben.' Es gebe Situationen, wo es unmoralisch sei, nichts zu tun. Als im vergangenen Jahr im Irak ein Völkermord an den Jesiden durch die Terrororganisation ‚Islamischer Staat‘ gedroht habe, habe Käßmann einen militärischen Einsatz abgelehnt: ‚Wenn aber die Gefahr besteht, dass Unschuldige getötet werden, dann müssen wir handeln. Damit zeigt sich: Der fundamentalistische Pazifismus von Frau Käßmann kann, wenn man ihn vom einzelnen Menschen auf die Schutzfunktion des Staates überträgt, unmoralisch sein.'"[31]

In solchen Auseinandersetzungen bin ich hin- und hergerissen zwischen Rückzug und Empörung. Es ist ebenso unmoralisch, Flüchtlinge schutzlos vor den Grenzen Europas in Schlamm und Kälte zurückzulassen. Wo ist da die Schutzfunktion in einer globalisierten Welt, die doch Grenzen überwinden will? Lassen wir uns ein auf solche Auseinandersetzungen, oder halten wir uns von ihnen fern, um eines vermeintlichen lieben Friedens willen?

Ich bin überzeugt, wir brauchen Visionen, so wie sie Jesus uns hinterlassen hat. Wir würden hoffnungslos versinken in einer Welt voller Krieg und Unrecht, gäbe es da nicht visionäre Worte wie „Selig sind die Friedfertigen"! Da steht eben nicht „Selig sind die Waffenlobbyisten"! „Selig sind die mit einer Sehnsucht nach Gerechtigkeit", hat Jesus in der Bergpredigt gesagt, und

---

31 Idea spektrum 14/2016, S. 11.

nicht: „Selig sind die Schnäppchenjäger". Er zeichnet das Bild einer Kontrastgesellschaft. Und das ist und bleibt eine ziemlich radikale Herausforderung.

Gewiss, das mag manchen ein wenig zu platt erscheinen. Aber nehmen wir doch einmal eine andere Vision, die von Martin Luther King am 28. August 1963 in Washington formuliert wurde:

Heute sage ich euch, meine Freunde, trotz der Schwierigkeiten von heute und morgen habe ich einen Traum. Es ist ein Traum, der tief verwurzelt ist im amerikanischen Traum. Ich habe einen Traum, daß eines Tages diese Nation sich erheben wird und der wahren Bedeutung ihres Credos gemäß leben wird: ‚Wir halten diese Wahrheit für uns selbstverständlich: daß alle Menschen gleich erschaffen sind.' Ich habe einen Traum, daß eines Tages auf den roten Hügeln von Georgia die Söhne früherer Sklaven und die Söhne früherer Sklavenhalter miteinander am Tisch der Brüderlichkeit sitzen können. Ich habe einen Traum, daß sich eines Tages selbst der Staat Mississippi, ein Staat der in der Hitze der Ungerechtigkeit und Unterdrückung verschmachtet, in eine Oase der Freiheit und Gerechtigkeit verwandelt. (…)
Dies wird der Tag sein, an dem alle Kinder Gottes diesem Lied eine neue Bedeutung geben können: ‚Mein Land, von dir, du Land der Freiheit, singe ich. Land, wo meine Väter starben, Stolz der Pilger, von allen Bergen laßt die Freiheit erschallen'. Soll Amerika eine große Nation werden, dann muß dies wahr werden.[32]

Mich rührt diese Rede bis heute an. Martin Luther King wurde damals von vielen belacht und auch gehasst für diese Rede. Ja,

---

32 Martin Luther King, Testament der Hoffnung. Letzte Reden, Aufsätze und Predigten, hrsg. von Heinrich W. Grosse, Gütersloher Verlagshaus, Gütersloh, 6. Auflage 1989; Übersetzung Heinrich W. Grosse.

ich weiß, auch er war ein fehlbarer Mensch. Aber ohne seinen Traum, ohne seine Vision wäre wohl niemals ein schwarzer Präsident ins Weiße Haus in Washington eingezogen. Auch wenn wir müde werden und meinen, wir können doch nichts verändern: Wir brauchen Visionen, die uns aufrütteln!

Biografische Zäsuren

Manchmal entdecke ich auch bei mir selbst ein gewisses Verzagen. Lange schien es in meiner Generation so zu sein, dass die Welt sich in der Tat zum Besseren verändert. Ich bin nach 1945 in Westdeutschland geboren, stets war da Dankbarkeit, im Frieden leben zu dürfen, hatte doch die Elterngeneration alle Schrecken des Krieges erlebt.

1974 erhielt ich durch einen Zufall ein Stipendium für ein Schuljahr in einem Ostküsteninternat in den USA. Die Organisation ASSIST suchte in Europa Schülerinnen und Schüler, die für ein Jahr an ein Internat in Amerika vermittelt wurden. Diese Erfahrung hat mich ein Leben lang geprägt. Zum einen habe ich dort Rassismus erlebt. Wir Stipendiaten blieben unter uns, die „rich kids" waren eine eigene Gemeinschaft, zu der wir schlicht nicht gehörten – und die große Mehrheit der Stipendiaten war nun einmal schwarzer Hautfarbe. Meist hatten sie durch sportliche Leistungen ein Stipendium gewonnen, fühlten sich im noblen Ostküsteninternatsumfeld aber ebenso unwohl wie ich.

Durch die Mitschülerinnen und -schüler hörte ich von Martin Luther King. Ich begann, seine Texte zu lesen, war fasziniert, schrieb schließlich meine Abschlussarbeit über diesen großen Baptistenprediger, der gleichzeitig fromm und politisch war. Eine 16-Jährige schreibt da 1975, sie sei überzeugt, dass die USA dem Ziel Kings nahe seien, Rassismus zu überwinden, wenn sie sich innenpolitisch darauf konzentrierten und nicht so stark außenpolitisch orientiert wären. Der Traum Kings könne wahr werden.

Gewiss, darüber kann ich nun, als fast 60-Jährige, lächeln. Aber ich kann mich auch noch mit den Visionen von Martin Luther King identifizieren, naiv finde ich das bis heute nicht …

Zum anderen ging der Vietnamkrieg in diesem Jahr zu Ende. Die Debatten waren an der Schule allgegenwärtig. Ich habe aufbegehrt gegen den Nationalismus und Patriotismus, der mir begegnete, hatte ich doch gelernt, dass eine Nation auch zu ihrer Kriegsschuld stehen muss. Das hat mir viel Kritik eingetragen. Gleichzeitig gab es eine Lektion in Demut. Denn an der Schule waren auch Schülerinnen und Schüler jüdischen Glaubens, die mich nach dem Holocaust fragten – und ich wusste nicht recht zu antworten, zu wenig hatten wir in Deutschland darüber gesprochen.

Und so begann ich, viel zu lesen. Über Rassismus, den Nationalsozialismus, die Verfolgung der Juden – und dachte: Theologie müsste Antworten darauf geben können – das wäre ein tolles Studium. Als ich mit dieser Idee zurück nach Deutschland kam, wurde ich von meinen Klassenkameradinnen – ich ging auf eine Mädchenschule – belacht. Mein Deutsch- und Geschichtslehrer aber, Dr. Helmut Hofman, der die Frage nach unserem Studienwunsch gestellt hatte, sagte nur trocken: „Mönchlein, Mönchlein, du gehst einen schweren Gang." Viele Jahre später, als ich zum 125-jährigen Jubiläum der Schule als Festrednerin eingeladen war, haben wir uns daran erinnert. Ich war inzwischen Bischöfin in Hannover, er pensioniert. Aber beide haben wir uns daran erinnert und er hat ja recht behalten.

Theologie klang so schrecklich altbacken, das schien nicht zu mir zu passen, und eine Pfarrerin hatte damals noch keiner von uns gesehen. Die evangelische Kirche hat lange darum gerungen, Frauen ins ordinierte Amt zu berufen. Und als die erste Frau Bischöfin wurde, Maria Jepsen 1992 in Hamburg, gab es noch einmal heftige Gefechte. Auch als ich 1999 zur Landesbischöfin in Hannover gewählt wurde, beriefen konservative Kreise eine sogenannte Notsynode ein, denn der Bischofssitz in Hannover sei vakant. Eine Frau könne ihn schlicht nicht besetzen. Schon im Vikariat und als junge Pfarrerin hatte ich solche Erfahrungen gemacht, die letzten Endes großer Angst entspringen. Bereut habe ich meine Entscheidung, Theologie zu studieren, nie. Mich fasziniert nach wie vor dieses Fragen nach Gott, das Hineingraben in die Schriften der Bibel, die Kirchengeschichte, die Systematik und die Praktische Theologie. Es ist ein Studium, ein Fach, ein Lebensthema, das niemals erschöpft ist. Immer gibt es Neues zu entdecken.

Zum Beruf der Pfarrerin habe ich mich erst später entschlossen. Gegen Ende des Studiums lernte ich meinen späteren Mann kennen, wir haben geheiratet, eine Tochter bekommen. Als ich überlegte, was meine nächsten Schritte sein könnten, lag es nahe, ins Pfarramt zu gehen. Ja, ich kenne das Stöhnen über die Schwierigkeit, Privatleben und Beruf zu trennen, die Dauererreichbarkeit im Pfarrhaus etc. Aber du bist immer nahe bei den Menschen, in ihren schönsten und ihren schwersten Zeiten. Du kannst ständig deinen Glauben und die Welt, in der wir leben, aufeinander beziehen. Und es gibt bis heute einen großen, einen sehr erstaunlichen Vertrauensvorschuss gegenüber Pfarrerinnen und Pfarrern. Da erzählen dir wildfremde Menschen von den Abgründen ihres Lebens und vertrauen dir, dass du dein Wissen nicht gegen sie nutzt. Da öffnen sich Menschen im Trauergespräch oder auch im Tauf- und Traugespräch so privat, wie sie es sonst sicher selten tun, und dürfen darauf vertrauen, dass du sie und ihre Gefühle respektierst. Da halte ich einen Vortrag, die Menschen wollen spenden, und am Ende übergeben sie mir eine Plastiktüte voller Geld, ungezählt – ich möge es einem guten Zweck zuführen. Das ist ein ungeheures Vertrauen, das mich oft rührt. Es darf niemals missbraucht werden!

Nach dem USA-Aufenthalt als Schülerin war eine zweite zentrale Erfahrung in meinem Leben die Vollversammlung des Ökumenischen Rates der Kirchen in Vancouver 1983. Ich war Vertreterin der Theologiestudierenden meiner Landeskirche. Dem Ausbildungsdezernenten fiel mein Name ein, als noch ein Platz in der Delegation der EKD frei wurde. Eine Frau, unter dreißig, nicht ordiniert, englischsprachig, aus einer Landeskirche, die noch keinen Delegierten hatte, wurde gesucht. Ich passte genau in die Quote und das war für mich ein Glücksfall. In Vancouver begegnete ich plötzlich einer kirchlichen Weite, wie ich sie vorher nicht geahnt hatte. Da war die Irritation durch die östliche Orthodoxie, die patriarchal und altertümlich daherkam. Da war die Faszination durch einen Redner wie Alan Boesak aus Südafrika, der die europäischen Delegierten in die Pflicht nahm, nicht nur die Friedensfrage aufzugreifen, sondern auch die der Gerechtigkeit. Darlene Keju-Johnson, eine junge Frau in meinem Alter, plädierte leidenschaftlich gegen die Atomtests im Pazifik – später sollte sie an Krebs sterben, der durch diese Atomtests verursacht worden war. Glaube und Politik, Frömmigkeit und Weltgeschehen waren unmittelbar aufeinander bezogen. Damals habe ich gespürt: Das ist meine Welt, hier finde ich die Zusammenhänge zwischen Glaube und Welt, die mich bewegen, ja, umtreiben.

Wiederum aufgrund einer Quote wurde ich in den Zentralausschuss des Ökumenischen Rates gewählt. Die EKD hatte sechs Plätze, über die der Rat der EKD vorab befunden hatte. Nun hatten aber die Jugenddelegierten die Forderung aufgestellt, dass 15 Prozent aller Gremien mit Menschen unter 30 Jahren besetzt werden sollten. Da nur die EKD und die russisch-orthodoxe Kirche als größte Mitgliedskirchen je sechs Plätze im Zentralausschuss zugesprochen bekamen, wuchs der Druck, dass diese großen Delegationen einen Platz an Jüngere geben. Die EKD-Delegation stimmte intern mehrheitlich dafür, dass ich diesen Platz besetzen sollte. Der hannoversche Landesbischof und Ratsvorsitzende Eduard Lohse entschied aber, es solle bei der vom Rat der EKD vorgeschlagenen Besetzung bleiben.

Was tun? Ich war hin- und hergerissen zwischen der Ermutigung durch die Delegation und die Jugenddelegierten und der Angst, meiner Kirche gegenüber undankbar zu sein, etwas Falsches zu tun. Am Ende stand im Plenum ein junger Mann aus der Kirche in England auf, den ich bis dahin nur in Jeans und Sweatshirt gesehen hatte. Er hielt im seriösen schwarzen Anzug ein vehementes und auch eloquentes Plädoyer für die Beteiligung der Jugend an der Leitung der Kirche und nominierte mich „from the floor" gegen den Vorschlag des Rates der EKD. Vor uns saß die indonesische Delegation. Sie hatte viele Stimmen, weil es allein in Indonesien mehr als 40 Mitgliedskirchen des ÖRK gibt. Eine Frau drehte sich um und sagte: „Oh, it's about Margot and her baby!", und so hatte ich deren Stimmen, gewann die Abstimmung ohnehin deutlich. Der Hintergrund war, dass mein Mann und ich mit unserer kleinen einjährigen Tochter angereist waren. Deshalb konnten wir nicht im Zentrum der Universität bei der EKD-Delegation wohnen, sondern etwas abseits, wo eben auch die Indonesier und Äthiopier, die Brasilianer und die Inder wohnten …

Ich habe damals geweint, weil ich Angst hatte, etwas Falsches zu tun. Der zuständige Oberkirchenrat erklärte mir, er könne mir zum Sitz im Zentralausschuss nicht gratulieren, denn ich hätte keine Kontakte, kein Sekretariat, nicht einmal ein Faxgerät. Damals haben mich dann aber wirklich viele Menschen begleitet, die mir Kontakte eröffnet haben: Hildegard Zumach, Johanna Linz, Werner Simpfendörfer. Diese Lektion habe ich nie vergessen und immer versucht, Jüngere zu fördern, wenn sie in Verantwortung kamen. Ich habe meine Zeit gebraucht, um mich hineinzufinden in den Zentralausschuss des Ökumenischen Rates der Kirchen. Aber ich habe die Chance nützen können und bin meiner Kirche dankbar für all die Begegnungen, Erfahrungen und Reisen.

Ich habe erleben können, wie die Welt sich verändert, wie ich meinte, zum Besseren. Nach der Katastrophe des Zweiten Weltkrieges wuchs Europa zusammen. Grenzen fielen, erst die im Westen, dann die Richtung Osten. Und unsere Kirchen haben diesen Prozess nicht nur begleitet, sondern aktiv mitgestaltet. Der konziliare Prozess für Gerechtigkeit, Frieden und die Bewahrung der Schöpfung hatte erheblichen Anteil daran. Ich erinnere mich an die Ökumenischen Versammlungen in Königstein und Stuttgart, aber auch an die in Dresden und Magdeburg, an denen ich teilnehmen konnte. Gerade in Ostdeutschland wurde die Kirche zu einem Ort, an dem die Vision einer anderen Welt Konturen gewann. Sicher, vieles war umstritten, aber die Kirche war im Zentrum des Ringens um eine bessere Zukunft ein Raum für Visionen.

Später hat das Programm zur Überwindung von Gewalt die Kirchen bewegt. In Südafrika und in Äthiopien, in Brasilien und Argentinien und Chile, in Indien und in den USA haben wir Netzwerke gegründet, die gegen Gewalt antraten. Das waren wunderbare Erfahrungen. Der Ökumenische Rat der Kirchen bat mich, zur Vorbereitung der Vollversammlung in Harare 1998 ein Buch darüber zu schreiben. „Overcoming Violence" war dann mein erstes Buch nach der Veröffentlichung der Doktorarbeit. Es ist ein kleines Bändchen über die Erfahrungen, die wir mit diesem Thema in vielen Kirchen der Welt gemacht haben.

Als Bischöfin war ich eingeladen, am Weltwirtschaftsforum ebenso wie am Weltsozialforum teilzunehmen und die kirchlichen Überzeugungen in säkularen Kontexten einzubringen.

Oh ja, ich war begeistert von der Sache und mir sicher, die Welt sei auf dem Weg zu mehr Gerechtigkeit und zu einer tiefen Überzeugung, dass es keinen Weg zum Frieden gibt außer dem Abbau von Waffengewalt und Hass.

Rüstungsgeschäfte

Und heute? Mit Entsetzen sehen wir den Zustand der Welt. Die Kriege mehren sich wieder. Waffenexport ist ein Riesengeschäft und Deutschland verdient an vorderer Stelle daran. Wird sich nie etwas ändern? Was können wir tun?

Ein Mann schreibt mir: „Nichts ist gut in Afghanistan", haben Sie als Landesbischöfin ex cathedra behauptet. Jetzt erklären Sie in Chrismon erneut dem lesenden Publikum ein schwieriges Thema: „Panzer für die Saudis". Ich gehe davon aus, dass Sie zu beiden Themen die Lage in dem jeweiligen Land und der Region nur oberflächlich kennen. Mich stört daran sehr, dass sich immer wieder Repräsentanten der evangelischen Kirche zu politischen Themen äußern, die mit Kirche und Glauben nichts zu tun haben. Ebenso schlimm waren aus meiner Sicht die Pastoren, die mit wehenden Talaren Antiatomdemos vorwegmarschierten. Das ist nicht mehr meine Kirche!

Ja, wie politisch dürfen Christen sein, wie politisch ist der Glaube? Dieser Frage begegne ich immer wieder. Sehr gern heißt es dann, die Kirche solle sich um „das Eigentliche" kümmern. Aber was soll das sein?, habe ich mich oft gefragt. Das Eigentliche ist doch eine Leidenschaft, dass „Gerechtigkeit und Frieden sich küssen", wie es Psalm 85 sagt. Das Eigentliche ist ein Glaube, der sich an der Welt orientiert, der nicht ein fernes Jenseits interessiert, sondern der diesbezüglich Gott vertraut und schon im Hier und Jetzt darum ringt, Zeichen dieser

Zukunft Gottes zu setzen, in der alle Tränen abgewischt sein werden und Not, Leid, Geschrei, ja, der Tod selbst ein Ende haben werden (Offb 21,4). Ich kann nicht nachvollziehen, dass Menschen meinen, die Bibel habe nichts mit unserem Leben zu tun, und unsere Welt befinde sich in einem gewissen, geradezu autonomen Abseits zum Glauben.

Luthers sogenannte Zwei-Reiche-Lehre (oder auch Zwei-Regimenter-Lehre), auf die sich viele gern beziehen, scheint mir in diesem Fall falsch angewandt. Das wäre doch zu einfach, zu sagen: Hier im Glaubensbereich gelten Nächstenliebe und Gewaltverzicht, aber da, mit dem Schritt aus der Haustür, bin ich in einer ganz anderen Sphäre. Da herrscht die Realität, da muss der Glaube außen vor bleiben. Zum einen verstehe ich Luther so, dass der Mensch eben nicht rein bleiben kann in dem Sinne, dass wir alle unsere Hände in Unschuld waschen könnten. Nein, wir alle sind in Schuld verstrickt, niemand ist ohne Makel, ohne Schuld. Allein schon als Teil einer der reichen Nationen der Welt leben zu dürfen – aufgrund der Tatsache, dass wir hier und nicht an anderer Stelle geboren worden sind – ist ein Privileg, das wir uns nicht er-leistet haben.

Christliche Ideale und Visionen werden im Reich der Welt oftmals missachtet, verraten, weggestoßen. Aber das heißt nicht, dass sie nicht auch dort Geltung beanspruchen dürften. Für mich wäre alles andere „Evangelium light" und keine Perspektive.

Glaube ist nicht weltfern

Mehr noch: Mich spricht am christlichen Glauben ganz besonders an, dass er mitten in der Welt relevant ist. Ja, Gerechtigkeit und Frieden sollen sich küssen – was für ein visionäres Bild! Und ja, selig sind, die Frieden stiften – das ist eine Ansage gegen alle Kriegstreiber dieser Welt. Der Fremdling, der unter uns wohnt, den sollen wir schützen – natürlich hat das etwas mit unserer Haltung gegenüber Flüchtlingen zu tun!

Wunderbar ist das konzentriert in der Rede Jesu über das Weltgericht, wiedergegeben im Matthäusevangelium (25,31–46):

Wenn aber der Menschensohn kommen wird in seiner Herrlichkeit und alle Engel mit ihm, dann wird er sitzen auf dem Thron seiner Herrlichkeit, und alle Völker werden vor ihm versammelt werden. Und er wird sie voneinander scheiden, wie ein Hirt die Schafe von den Böcken scheidet, und wird die Schafe zu seiner Rechten stellen und die Böcke zur Linken.

Da wird dann der König sagen zu denen zu seiner Rechten: Kommt her, ihr Gesegneten meines Vaters, ererbt das Reich, das euch bereitet ist von Anbeginn der Welt! Denn ich bin hungrig gewesen und ihr habt mir zu essen gegeben. Ich bin durstig gewesen und ihr habt mir zu trinken gegeben. Ich bin ein Fremder gewesen und ihr habt mich aufgenommen. Ich bin nackt gewesen und ihr habt mich gekleidet. Ich bin krank gewesen und ihr habt mich besucht. Ich bin im Gefängnis gewesen und ihr seid zu mir gekommen.

Dann werden ihm die Gerechten antworten und sagen: Herr, wann haben wir dich hungrig gesehen und haben dir zu essen gegeben, oder durstig und haben dir zu trinken gegeben? Wann haben wir dich als Fremden gesehen und haben dich aufgenommen, oder nackt und haben dich gekleidet? Wann haben wir dich krank oder im Gefängnis gesehen und sind zu dir gekommen? Und der König wird antworten und zu ihnen sagen: Wahrlich, ich sage euch: Was ihr getan habt einem von diesen meinen geringsten Brüdern, das habt ihr mir getan.

Dann wird er auch sagen zu denen zur Linken: Geht weg von mir, ihr Verfluchten, in das ewige Feuer, das bereitet ist dem Teufel und seinen Engeln! Denn ich bin hungrig gewesen und ihr habt mir nicht zu essen gegeben. Ich bin durstig gewesen und ihr habt mir nicht zu trinken gegeben. Ich bin ein Fremder gewesen und ihr habt mich nicht aufgenommen. Ich bin nackt gewesen und ihr habt mich nicht gekleidet. Ich bin krank und im Gefängnis gewesen und ihr habt mich nicht besucht. Dann werden sie ihm auch antworten und sagen: Herr, wann haben wir dich hungrig oder durstig gesehen oder als Fremden oder nackt oder krank oder im Gefängnis und haben dir nicht gedient?

Dann wird er ihnen antworten und sagen: Wahrlich, ich sage euch: Was ihr nicht getan habt einem von diesen Geringsten, das habt ihr mir auch nicht getan. Und sie werden hingehen: diese zur ewigen Strafe, aber die Gerechten in das ewige Leben.

Ich verstehe nicht, wie Christinnen und Christen das ignorieren können. Es gibt keine weltabgewandte Frömmigkeit, sondern Spiritualität wird mitten im Alltag der Welt gelebt. Es ist nach diesem Text über das Weltgericht Jesus selbst, den wir aufnehmen, wenn wir Fremden Zuflucht bieten. Und ich bin froh, dass so viele Kirchengemeinden das in den letzten Jahren getan haben. Mich irritiert es, wenn manche beklagen, die evangelische Kirche sei zu politisch, da gehe es ja gar nicht mehr um Verkündigung. Aber unser Glaube ist doch stets weltzugewandt! Ich kann nicht predigen über einen Text wie: „Wenn ein Fremdling bei euch wohnt in eurem Lande, den sollt ihr nicht bedrücken" (3. Mose 19,33), ohne das ganz aktuell auf die Flüchtlinge unter uns zu beziehen. Wer das als Politisieren bezeichnet, will den Glauben in private Nischen abschieben. Gerade Martin

Luther hat aber den Glauben und die Welt immer wieder aufeinander bezogen.

Solche Konflikte tun manchmal weh, führen zu Auseinandersetzungen und lassen gleichzeitig den Glauben nicht in einem Separee der Gefühlsduselei verharren. Meine Erfahrung ist: Wo der Glaube in den Konflikten unserer Zeit konkret gelebt wird, da ist er besonders überzeugend und glaubwürdig. Das galt bei Friedensdemonstrationen in Mutlangen in den 80er-Jahren, bei Kirchendebatten 1989 in Dresden, beim Aufbegehren gegen den Irak-Krieg 2003 und wo immer Flüchtlinge aufgenommen wurden 2015/2016.

Angst vor der Zukunft, vor Gewalt und Terror

Jedes Jahr veröffentlicht die R+V Versicherung eine Umfrage zu den Ängsten der Deutschen. Die größte Angst war im Jahr 2015 die vor Naturkatastrophen, obwohl die Zahl der Opfer von solchen Fällen weltweit zurückgeht. Vielleicht ist es das Bewusstsein für den Klimawandel und unseren Lebensstil als Ursache, das dieses Gefühl bestimmte. An zweiter Stelle stand damals die Angst vor terroristischen Anschlägen.

Die Terrorattentate von Paris, Brüssel, Istanbul und zuletzt die schreckliche LKW-Amokfahrt in Nizza haben deutlich gemacht, wie verletzbar eine freie Gesellschaft ist.

In der aktuellen Umfrage zu den Ängsten der Deutschen ist die Angst vor terroristischen Anschlägen um 21 Prozentpunkte auf einen bisherigen Höchstwert (73 %) angestiegen und steht nun an erster Stelle. In der Pressemitteilung zur aktuellen Studie heißt es: „Extrem angewachsen sind auch die Ängste vor politischem Extremismus und vor Spannungen durch weiteren Zuzug von Ausländern. Beide Themen schrecken in diesem Jahr mehr als zwei Drittel aller Bundesbürger und klettern auf die

Plätze 2 und 3. Auffällig: Die überwiegende Mehrheit der Deutschen befürchtet auch, dass die Politiker von ihren Aufgaben überfordert sind und dass die Behörden bei der Bewältigung der Flüchtlingskrise überlastet sind."[33]

Die Angst vor Terror, die Angst vor dem tausendfachen Zuzug von Menschen aus Nordafrika, die Angst vor Krieg, sie haben sich in den letzten Jahren kontinuierlich verstärkt. Aber es ist eine diffuse Angst. Zwar waren immer wieder Deutsche unter den Opfern, wie zuletzt in Nizza. In Deutschland gab es aber bislang – Gott sei Dank – keine großen Attentate. Und wenn, dann waren wie bei den NSU-Morden eher Zuwanderer die Opfer. Das gilt auch für die massenhaften Angriffe auf Flüchtlingsunterkünfte, mehr als tausend waren es im Jahr 2015, in Nordrhein-Westfalen haben sie sich verachtfacht. Lange haben wir in Deutschland mit einer Haltung gelebt, die einerseits die Globalisierung als Fortschritt gepriesen hat, aber andererseits meinte, mit den Dramen von Hunger und Krieg in der Welt nichts zu tun zu haben. Flüchtlinge, die zu uns kommen, sind lediglich Botschafter des weltweiten Elends. Und es gilt, die diffuse Angst, die durch manche Medien, Politiker und selbst ernannte „Verteidiger des christlichen Abendlandes" geschürt wird, mit der Realität zu konfrontieren. Dann wird die Sorge kleiner, da bin ich mir sicher.

Terror ist furchtbar, grausam. Und er will genau das: Angst und Schrecken verbreiten, damit Menschen sich zurückziehen und die Politik die Freiheit einschränkt. Deshalb finde ich, ist beides genau die falsche Reaktion. Wenn wir auf Terror mit Angst, Hass und Einengen der Freiheitsrechte reagieren, dann spielen wir Terroristen doch in die Hände.

Manchmal habe ich ein kleines Gedankenspiel im Kopf. Auch wenn ich weiß, dass sich nachträglich nichts verändern lässt:

---

33 https://www.ruv.de/presse/aengste-der-deutschen/presseinformation-aengste-der-deutschen-2016.

Hätte Al Gore im Jahr 2000 die Wahl gegen George W. Bush gewonnen, wäre die Geschichte einen anderen Weg gegangen. In Florida wurde mehr als einen Monat lang ausgezählt. Am Ende ging es um 537 Stimmen, die die Wahl zugunsten von George W. Bush entschieden. Das knappste Ergebnis einer Präsidentenwahl in den USA, das es je gegeben hat. Wäre Al Gore am Tag der Attentate auf das World Trade Center Präsident gewesen, es hätte die Kriege im Irak und in Afghanistan wohl eher nicht gegeben. Seine Äußerungen waren nie militaristisch, er hatte sich vor allem in Umweltfragen einen Namen gemacht. Dabei hatte er Weitblick und Besonnenheit. Die Destabilisierung der Staaten, einer ganzen Region, der Aufstieg der Terrormiliz, die sich „Islamischer Staat" nennt, all das hätte wohl nicht stattgefunden. Ich weiß, alle solchen Spekulationen über die Vergangenheit helfen nicht wirklich für die Gegenwart. Aber sie können helfen, zu sagen: Denk nach! Geh wählen! Verachte nicht die Rechte, die du hast, denn du kannst in einer Demokratie die Geschichte mitbestimmen, auch mit deiner einen kleinen Stimme!

Dialog der Religionen

Eine Antwort auf den Terror ist der Dialog der Religionen. Als ich 2014 zu einer Konferenz im Libanon war, sagte einer der Kirchenverantwortlichen: „Wir brauchen keine Christengettos. Wir brauchen einen starken säkularen Staat, der es den moderaten Kräften in allen Religionen möglich macht, in Frieden miteinander zu leben. Denn das wollen wir als Christen, Juden und Muslime hier." Genau dieses friedliche Zusammenleben von Menschen verschiedener Religionen und ohne Religion wollen Terroristen aber zerstören. Und es gelingt ihnen allzu gut, das wird ersichtlich, wenn ich die Hassmails lese, die Menschen mir über Muslime schreiben, wenn im Netz Neonazis gegen Juden hetzen und wenn bei Pegida Leute erklären, sie würden das christliche Abendland verteidigen. Dabei steht „christlich" zuallererst für Nächstenliebe. Und christlich ist Barmherzigkeit.

Wenn radikale Islamisten Menschen anderen Glaubens als „Ungläubige" bezeichnen, ist es die beste Antwort, den eigenen Glauben zu praktizieren. Wo immer Kirchengemeinden mit großem Engagement Flüchtlinge aufnehmen, ohne nach deren Glauben und Herkunft zu fragen, strafen sie Islamisten Lügen.

Ich lebe gern in einem vielfältigen Land. Und ich finde den Dialog der Religionen außerordentlich spannend. Das will ich an zwei Menschen deutlich machen. Im Jahr 2015 wurde ich gebeten, eine Laudatio auf Micha Brumlik zu halten, der mit der Buber-Rosenzweig-Medaille ausgezeichnet wurde. Er ist ein Mann, der die Religion ins Gespräch bringen will, und zwar seine Religion. Micha Brumlik ist Jahrgang 1947, geboren in Davos, wohin seine Eltern geflohen waren. Manche würden sagen, ein Nachgeborener. Aber die „Gnade der späten Geburt", von der Helmut Kohl sprach, gab es für die Kinder jüdischer Opfer nicht – im Übrigen genauso wenig wie für die Kinder deutscher Täter. 1953 kam er mit den Eltern nach Deutschland, zurück in das „Land der Täter". Sein Vater war ein Zionist und so wurde Micha Brumlik selbst Mitglied einer zionistischen Jugendorganisation. Nach einem Israelaufenthalt von zwei Jahren wurde er erst einmal Anti-Zionist, Jahre später preist er aber wieder die Rolle des Zionismus. Spannend ist das, nachvollziehbar, verständlich: ein junger deutscher Jude auf der Suche nach Identität. Und das mitten im Frankfurt der 68er. Selbst aus dem Abstand ist vorstellbar, wie sehr Micha Brumlik um die eigene Position und Haltung gerungen hat.

Mir imponiert zuallererst, dass Micha Brumlik es sich nicht leicht gemacht hat, gerade auch in den Fragen der Religion. Das halte ich für zentral. In gewisser Weise ist Micha Brumlik ein Seismograf für die Suche nach jüdischer Identität in Deutschland nach der Shoah. Und dabei war – und ist! – er streitbar. Er wollte nicht glätten, sondern manchmal war er wirklich auch Agitator. Einer, der Sachen auf den Punkt und andere auf die Palme bringen konnte. Wenn allzu viele allzu schnell etwas vergessen und zu den Akten legen wollten, legte Brumlik den Finger in die Wunde. Christinnen und Christen in Deutschland können dafür dankbar sein, dass Micha Brumlik jüdische Theologie und Praxis für uns zugänglich gemacht hat. Er war ein Brückenbauer zu den und auch für die jüdischen Gemeinden, ohne je selbst dort besonders aktiv gewesen zu sein. Stets eher Ideengeber als Institutionenmensch. Der Philosoph Brumlik war und ist einer der wichtigsten Meinungsführer jüdischer Intellektueller im Nachkriegsdeutschland. Er hat die jüdische Position sprachfähig gemacht in der deutschen Mehrheitsgesellschaft, das lässt sich mit Fug und Recht sagen. Verbunden mit dem Professorenamt, in dem er nicht nur als Pädagoge, sondern als eine Art Universalgelehrter auftrat, hat er das Auf und Ab des deutschen Nachkriegsjudentums begleitet und kommentiert und seine Struktur mitgeprägt. Wenn Christinnen und Christen in Deutschland gelernt haben, mit großem Respekt die jüdische Glaubenstradition zu sehen und das eigene Versagen gegenüber dem Judentum zu begreifen, ja, die Scham zu ertragen, dass wir Jüdinnen und Juden schutzlos dem Terror und Morden der Nationalsozialisten auslieferten, dann haben wir das auch Micha Brumlik zu verdanken. Es hat im Nachkriegsdeutschland noch lange gedauert, bis die Erkenntnis der eigenen Schuld zu einem unbefangenen Verhältnis von Christen und Juden führte – und der Prozess dauert noch immer an. Und dass Antisemitismus ein Phänomen der Vergangenheit wäre, ist leider eine Illusion.

Ein anderes Beispiel ist für mich der Vorsitzende des Zentral-rates der Muslime, Aiman Mazyek. Sein Vater ist Syrer, seine Mutter Deutsche. Er ist in Aachen aufgewachsen, hat dort Ab-itur gemacht und studiert. Wie Micha Brumlik in jüdischen Kreisen ist auch er in muslimischen Kreisen und überhaupt um-stritten. Er setzt sich für den Dialog der Religionen ein, erklärt, dass Frauen vom Koran nicht vorgeschrieben sei, ein Kopftuch zu tragen. Andererseits klagt er bei Karikaturisten Rücksicht auf die religiösen Gefühle anderer ein. Besonders imponiert hat mir, als er 2014 beim bundesweiten Aktionstag muslimischer Religionsgemeinschaften gegen Extremismus und Gewalt sagte: „Ich bin ein Jude, wenn Synagogen angegriffen werden, ich bin ein Christ, wenn Christen beispielsweise im Irak verfolgt wer-den, und ich bin ein Muslim, wenn Brandsätze auf ihre Gottes-häuser geworfen werden."[34]

Als Protestantin teile ich diese Leidenschaft für das Ringen um Position, die kritische Auseinandersetzung mit Religion, den Streit um die Wahrheit. Viele wollen heute gern, dass es harmonisch zugeht, innerhalb unserer Religionen und auch zwischen den Religionen. Und wenn es dann Konflikte gibt, sind alle schockiert. Es gibt aber auch die kreative Kraft der Differenz, die Menschen aufschreckt und anregt, neu zu den-ken. Menschen, die es wagen, die Differenz, ja, den Konflikt zu formulieren, das sind Reformatoren.

Für mich ist es diese Kraft des kreativen und kritischen Den-kens, die gegen den Fundamentalismus helfen kann. Denn Fun-damentalismus, ob jüdischer, christlicher, muslimischer oder hinduistischer Couleur, mag freies Denken nicht, sondern sagt: Glaub oder stirb! Wer wagt, die eigenen Schriften kritisch zu lesen, in ein Gespräch mit anderen zu kommen, setzt die für

34 Volker Schaffranke: Aktionstag an Moscheen in Deutschland: Muslime stellen sich gegen Extremismus. www.tagesschau.de, 16. September 2014.

sich selbst gefundene Wahrheit dem Dialog mit anderen Wahrheitsüberzeugungen aus. Das ist nicht leicht, es verunsichert und tut manchmal weh, aber es ist die einzige Form, mit der Religion in einer pluralen demokratischen Gesellschaft eine überzeugende Position finden kann. Uns allen ist doch klar: Gewaltfreie Konfliktfähigkeit, auch von religiösen Überzeugungen, ist gerade in unserer Zeit dringend gefragt.

Verzagtheit

Gewiss, da gibt es manchmal Verzagtheit, nach dem Motto: Es wird ja doch nicht besser, oder? Da hilft meines Erachtens zweierlei. Zum einen sollten wir hinschauen, was sich alles verändert hat. Männer und Frauen sind gleichberechtigt – nein, nicht überall. Nein, noch lange nicht in allen Kirchen. Aber der Gedanke ist nicht mehr zurückzudrängen und die theologische Begründung lässt sich nur mit Verrenkungen aushebeln. Zum anderen: Lernprozesse brauchen ihre Zeit. In Europa haben die Konfessionskriege Grauen und Tod über Hunderttausende von Menschen gebracht. Heute würden wir keinen Krieg über konfessionelle Streitigkeiten beginnen. Es gibt Lernprozesse und ja, die Welt verändert sich auch zum friedlicheren Miteinander. Die moderne Gesellschaft ist sicher in manchem zu kritisieren, aber die Offenheit der Kommunikation und die Vernetzung haben auch Vorteile. Verbrechen gegen die Menschlichkeit lassen sich zum Beispiel nicht mehr verdecken.

Insofern: Ich bin überzeugt, wir können lernen, friedvoller miteinander umzugehen. Und gegen alle Enttäuschungen und Rückschläge bleibt bei mir die Hoffnung dominant, dass wir die Welt verbessern können. Viele mögen das belächeln, das ist mir egal. Aus biblischer Sicht sehe ich die Menschen mit ihrer begrenzten Zeit als Haushalterinnen und Haushalter Gottes auf diesem Planeten. Wir sind rechenschaftspflichtig für unser Leben, unser Handeln, unser Miteinander. Das ist weniger eine Belastung, sondern vielmehr eine Herausforderung. Ich bin froh, dass mein Glaube nicht abseitig ist und allein sonntags um 10 Uhr im Gottesdienst stattfindet. Nein, Glaube ist Teil meiner Haltung mitten in der Welt. Und auch wenn andere das naiv finden, werde ich in dieser Welt weiter für Gerechtigkeit und Frieden für meine Mitmenschen und für einen respektvollen Umgang mit der Schöpfung eintreten.

Medien

Aber dieses Eintreten bedeutet immer auch, sich kundig zu machen. Mir imponiert an der Reformation, dass es damals auch um Bildung ging. Die einzelnen Menschen sollten nicht kleingehalten werden, sie sollten selbst lesen und schreiben lernen. Die Volksschule für alle war das Ergebnis der Bemühungen.

Die Reformation war auch eine Medienrevolution. Zum einen war der Buchdruck verfügbar. Luthers Gedanken ließen sich schnell verbreiten. Und: Er schrieb auf Deutsch und auch noch kurz! Von seinen wissenschaftlichen Kollegen wurde er dafür eher belächelt: Was kann das wohl für ein guter Gedanke sein, der nicht lateinisch und in langen Sätzen formuliert wird? Wir können uns das so vorstellen: Bis zu Luthers Zeiten fanden Diskussionen allenfalls in feinen, abgeschirmten Zirkeln statt. Nun kann auf einmal „der kleine Mann", ja, sogar „die kleine Frau" mitdiskutieren.

Martin Luther war ein Bestsellerautor. Von allem, was im 16. Jahrhundert auf Deutsch veröffentlicht wurde, stammt ein Drittel aus der Feder Luthers. Sein Biograf Heinz Schilling schreibt, der Reformator habe ein „überragendes publizistisches Talent" gehabt, und: „Durch die Kraft seiner Sprache und die schöpferische Fantasie seiner Bilder und Argumentation ... war

Luther wie kein anderer geeignet, zum ‚Star‘ des ersten Medien-
zeitalters aufzusteigen.“[35]

Luthers Gedanken waren nicht mehr aus der Welt zu schaffen, schlicht, weil er sie schneller verbreiten konnte, als die Zen-
sur sich über ein Verbot einigte. Die Buchproduktion ging in
die Höhe und die Einblattdrucke fanden ein großes Publikum.
Bald schon folgten auf die „lutherische Propaganda“[36] auch
die gegnerischen Flugschriften. Und da viele Menschen nicht
lesen konnten, entstanden Karikaturen, bösartig zum Teil. Eine
ganze Karikaturenschlacht entstand, bei der zum Teil Luther als
Held – immer geprägt von Cranachs Porträts – dastand. Die
„Papisten“ wurden als Mitarbeiter des Teufels dargestellt, oder
eben Luther als Teufel, der die Kirche zerstört. Hätte es den
Begriff „Shitstorm“ schon gegeben, er wäre auch in diesem Fall
zutreffend gewesen.

Rund um den Reichstag zu Worms gab es einen ersten Höhe-
punkt dieser Auseinandersetzungen medialer Art. Auch wenn
Luthers größte Schaffensphase erst ab 1520 einsetzte, seine drei
großen Schriften dieses Jahres und vor allem die Bibelüberset-
zung gigantische Auflagen erreichten, war schon beim Reichstag deutlich, wie sich die Diskussionslage durch die öffentlichen
Medien veränderte. Während noch von den päpstlichen Ge-
lehrten darum gerungen wurde, eine detaillierte Stellungnahme
auszuarbeiten, wurde in Flugschriften von Lutheranhängern
kolportiert, wie es aus ihrer Sicht war: Da stand der Held und
hatte nicht widerrufen. Das Bild vom wackeren Luther „Hier
stehe ich, ich kann nicht anders. Gott helfe mir. Amen“, es war
sozusagen bereits gesetzt.

Für mich ist das ein Beispiel dafür, dass wir die neuen Medien
heute getrost nutzen sollten, wenn wir fair mit den Möglichkeiten

35 Heinz Schilling, Martin Luther, München 2012, S. 620.
36 Ebd. S. 241.

umgehen. Manche Karikatur von damals war gewiss nicht „politically correct" in unserem heutigen Sinne. Aber auch manche Äußerungen, zu denen sich Menschen in den sogenannten sozialen Netzwerken hinreißen lassen, sind in keiner Weise sozial. Protestanten mögen ja den Streit um die Wahrheit und das ist gut so. Niemals aber darf er die Würde einer Person herabsetzen – das gilt für damals wie für heute.

Und es gilt: Jede Aussage muss auf ihren Wahrheitsgehalt hin überprüft werden! Da wird ein Angriff auf einen Mann im Mai 2016 in Grafing ganz schnell als Attentat von extremistischen Muslimen bezeichnet, der Täter habe „Allahu Akbar" gerufen. Nein, stellt sich heraus, es war schlicht ein geistig Verwirrter. Da stürzt ein Flugzeug der Egypt Air auf dem Flug von Paris nach Kairo ab und schnell heißt es, das sei ein terroristischer Anschlag gewesen, doch das ist in keiner Weise nachweisbar. Da wird der Bundespressekonferenz von dem christlichen Hilfswerk „Open Doors" erklärt, es könnten 231 Übergriffe auf christliche Asylbewerber in deutschen Flüchtlingsunterkünften dokumentiert werden. Eine Recherche ergibt, dass die Aussagen völlig unhaltbar sind.[37] Wir müssen uns intensiv informieren und bilden, es hilft nichts, auch wenn es anstrengend ist. Die Themen, die uns heute beschäftigen, sind in der Regel komplex und vielschichtig. Kritischer Geist ist gefordert!

Ein aktuelles Beispiel war für mich, als ich am 30. Jahrestag der Reaktorkatastrophe von Tschernobyl, begleitet von dem reformierten Pfarrer Yoshinobu Akashi mit japanischen Christen und einer Delegation aus Deutschland und der Schweiz, die Gegend um den Reaktor in Fukushima besucht habe – fünf Jahre nach der Katastrophe durch das Erdbeben und den Tsunami. Mich hat der Besuch sehr beschäftigt. Meine Zwillingstöchter

---

37 Reinhard Bingener und Friederike Böge, Weil sie Christen sind?, in: FAS 22.5.2016.

sind im April 1986 geboren. Die Nachrichten von der Reaktorkatastrophe in Tschernobyl haben die ersten Tage und Wochen
ihres Lebens begleitet. Die Angst der jungen Mütter in der Nähe
von Fukushima und ihr Misstrauen gegenüber offiziellen Ver-
lautbarungen konnte ich gut nachvollziehen.

Folgendes habe ich in meinem Tagebuch festgehalten:

Pfarrer Akashi erzählt, als er uns die Kindertagesstätte zeigt,
dass die Kinder ein Jahr lang nicht draußen spielen durften. Das
hat sie ebenso verändert wie die Angst der Eltern, die sie erlebten und bis heute spüren. Sie sind selbst ängstlich, die Motorik
ist nicht voll ausgebildet, die Stimmen leise. Ein neues Kletter-
gerüst, das mit den Eltern gemeinsam gebaut wurde, bringt Veränderung, Kinder trauen sich etwas, lachen laut. An der Kita
wird durchgehend gemessen, wie hoch die Strahlenentwicklung
ist.

Die Angst der jungen Mütter ist nach wie vor groß. Das ist
gut zu verstehen. Aber warum bleiben sie?, fragen wir. Es gibt
viele Gründe, warum Menschen nicht weggehen, erklärt eine
sehr engagierte junge Frau. Zwei, drei Generationen wohnen
zusammen. Die junge Mutter will vielleicht gehen, aber Mann
oder Eltern wollen bleiben. Teilweise leben Familien seit
500 Jahren in dieser Gegend, hier ist ihre Heimat. Die älteren
Leute wollen nicht verstehen, warum ihr so schönes Gemüse,
das sie traditionell gern anbauen, nicht mehr gesund sein soll.
Der Familienvater hat einen Betrieb mit 70 Angestellten – soll
er den verlassen? Das bringt Konflikte in Familien. Und: Der
Großraum Fukushima ist nicht als verseuchte Region aner-
kannt. Daher kann eine normale Familie es sich finanziell gar
nicht leisten, wegzugehen.

Die Regierung will etwas gegen die Angst tun, aber nicht gegen die Ursachen, wird uns gesagt. Frauen haben begonnen,
die Strahlung zu messen, sich selbst kundig gemacht, wie und

an welchen Orten zu unterschiedlichen Zeiten die Werte genommen werden sollten. Die Medien werden als gleichgeschaltet wahrgenommen, die Regierung gibt ständig Meldungen der Entwarnung. Das sät Misstrauen, zumal die Betreiberfirma Tepco schon vor der Katastrophe Störfälle immer nur verzögert oder erst unter öffentlichem Druck bekannt gegeben hat. Viele Leute glauben andererseits schlicht, was die Regierung sagt. Beispiel: Die Regierung gibt einen Strand zum Schwimmen frei, müsste aber eigentlich auch erklären, dass die Kinder nicht im Sand buddeln sollen, weil ab 10 cm Tiefe die Strahlung erheblich ist. Die Messungen der ehrenamtlichen Gruppen bringen zumindest Fakten zutage. Es geht um konkrete Zahlen.

Die Selbstmordrate ist hoch, vor allem unter den Umgesiedelten, die keine Perspektive für sich sehen. Diese Toten werden nicht zu den Opfern der Katastrophe gezählt, ebenso wenig diejenigen, die in den Tagen nach dem Unglück an den Folgen von Erdbeben oder Tsunami starben. Etliche Alte gehen einfach zurück in die kontaminierten Gebiete, die nicht im Sperrgebiet liegen. Wenn sie ohnehin bald sterben müssen, dann wollen sie dies wenigstens zu Hause. Teile der Sperrzone sollen – so heißt es – im März 2017 komplett aufgehoben werden.

Pfarrer Akashi sagt, die Kirchengemeinde sei erst eine Bergarbeitergemeinde gewesen. Die Kirche wurde zerstört, mit viel Unterstützung neu aufgebaut und ist heute ein Zentrum für Geflüchtete und Evakuierte. Die Regierung behaupte, dass nach fünf Jahren alles geklärt sei, um die Region zu erhalten und um dem Tourismus an dieser wunderbaren Küste nicht noch mehr zu schaden. Und viele Menschen wollen die Strahlenbelastung auch gar nicht wissen, sie ignorieren die Werte. Die Politik tut zudem so, als sei allein die Region Fukushima betroffen. Wind und Regen haben die Strahlung aber viel weiter getragen, das wird völlig verschwiegen. Aus dem Reaktor tritt noch immer Kühlwasser aus, das in den Pazifischen Ozean strömt. Erhöhte Radioaktivität wird bis an die kalifornische Küste gemessen. Die Betreiberfirma Tepco aber sagt, das Abwasser sei nicht mehr so gefährlich. Warum sich die Strahlung zwischendurch immer wieder deutlich erhöht, wird entweder nicht erklärt oder im Nachhinein als Fehler entschuldigt. Mir scheint, was die Leute am meisten aufbringt, ist die mangelnde oder nicht vertrauenswürdige Information. Warum werden die Leute nicht wütend, begehren nicht auf?, frage ich. Nun, Tepco hat hier die Schule gebaut, das Rathaus, den Fußballplatz, viele Arbeitsplätze hängen bis heute von der Firma ab, vieles ist verwoben in einem intransparenten Machtgefüge.

Anschließend sind wir mit dem Geigerzähler auf der Autobahn unterwegs von Iwaki (Stadt mit 350 000 Einwohnern, von der flächenmäßigen Ausbreitung her die siebtgrößte Stadt Japans) Richtung Reaktor Fukushima 1. Iwaki ist 150 Kilometer von der Stadt Fukushima entfernt, das Atomkraftwerk 45 Kilometer. Der kleine Geigerzähler am Körper zeigt 0,03 Mikrosievert pro Stunde, das Piepsen des großen Geigerzählers im Auto wird bald deutlich schneller, 0,12 zeigt er an. Draußen ist eine wunderschöne bergige, blühende Landschaft mit Mischwäldern zu sehen, dazu eine herrliche Küste, früher ein Touristengebiet. 0,37 misst der Geigerzähler am Körper inzwischen. Am Straßenrand steht ein Geigerzähler, der 0,1 angibt. Das Bundesamt für Strahlenschutz sagt, es ist unbedenklich, wenn ein Mensch solcher Strahlung fünf Stunden lang ausgesetzt ist – es kommt halt darauf an, wie lange und wie oft. Der Geigerzähler im Auto schlägt aus auf den Wert 1,9 und piepst nun ununterbrochen. Am Straßenrand wird 0,6 angezeigt. Zwei Kilometer weiter steigt auch dort der Wert auf 1,9 und geht im nächsten Augenblick auf 0,2 zurück, der Fallout war offensichtlich sehr unterschiedlich.

Jetzt ist das Sperrgebiet zu erkennen, das mit Zäunen gesichert ist. Links riesige Halden von verstrahltem Schutt und verstrahlter Erde unter Plastikplanen. Der Geigerzähler im Auto fängt an, verrücktzuspielen, der Wert schnellt auf 2,5 hoch.

Draußen ist herrliches Frühlingswetter. Wüsste man nichts von der Strahlung, man würde hier Urlaub machen wollen. Ich kann verstehen, dass die Menschen Angst haben, es ist unheimlich. Die Häuser links und rechts stehen leer, beginnen nach fünf Jahren inmitten von blühenden Gärten zu verfallen. Der Geigerzähler an der Straße zeigt eine Strahlung von 4,2! Überall lagern rechts und links Tausende von Säcken mit abgetragener Erde. Der Geigerzähler im Auto sendet ein langes Warnsignal.

Das Atomkraftwerk Fukushima 2 war Gott sei Dank vor dem Erdbeben und dem Tsunami bereits stillgelegt. Tepco sagt, ein Tsunami von 10 bis 12 Metern Höhe war bis dahin unvorstellbar. Aber Umweltgruppen hatten vorher gewarnt, Fukushima 1 solle auch stillgelegt werden, weil es einem Tsunami nicht standhalten würde. Nun wird prozessiert, ob Tepco Schadenersatz zahlen muss für die Menschen, die ihre Heimat verloren haben, und für die Zerstörung, die angerichtet wurde …

Wir fahren auf der Bundesstraße 114 in Richtung Meer. Der Geigerzähler spielt endgültig verrückt. Links und rechts der Straße große, wunderschöne, aber leer stehende Häuser. Es ist absolut gespenstisch. Ehemalige Läden sind zu sehen, Supermärkte mit leeren Parkplätzen in der Kleinstadt Namije. Eine „Ghosttown", auch wenn manche Häuser absolut neu aussehen.

Wir biegen ab auf die Küstenstraße, die erst seit zwei Jahren wieder geöffnet ist, allerdings nur für Autos, nicht für Fahrräder und Fußgänger. Erstaunlicherweise geht der Geigerzähler zunächst runter auf den Wert 0,12 und springt dann plötzlich auf 2,2. Rechts und links ist jetzt alles abgesperrt. Leere Tankstellen, verrottende Autos und blühende Kirschbäume ziehen vorbei.

Wer schützt eigentlich die Männer, die hier überall Erde abtragen?, frage ich mich. Und immer wieder stehen Polizisten links und rechts der Straße, die aufpassen, dass niemand aussteigt. Sie sind dennoch der Strahlung ausgesetzt. Als wir an die Einfahrstraße zu Fukushima 1 kommen, schnellt der Geigerzähler im Auto auf 3,73, schließlich auf den Wert 4,8 hoch. Jetzt wollen wir es doch wissen und steigen aus. Draußen misst er 12,4, dann 13,1. Der offizielle Geigerzähler an der Straße zeigt 3,9.

Wir fahren aus dem Sperrgebiet zu einem Aussichtspunkt. Hier dürfen Menschen wieder leben, der Geigerzähler aber zeigt noch immer 3,9, jetzt auch im Auto. Von dort kommen wir nach Yonomori, eine wunderschöne Kleinstadt, 10 Kilometer vom Reaktor entfernt. Der Name bedeutet „Wald in der Nacht". Zu sehen sind Alleen mit Kirschbäumen, die die Blüte gerade hinter sich haben. Sonst ist alles trostlos und verlassen, abgesperrt. Kein Ton ist zu hören außer dem Piepsen des Geigerzählers. Auf einer Straßenseite soll eine Vorbereitungszone zur Wiederansiedlung entstehen. Unser Begleiter Herr Saito, der, seitdem er in Rente ist, Pfarrer Akashi zur Seite steht, entnimmt eine Bodenprobe – 13 000 Becquerel pro Kilo Boden werden in seinem mobilen Gerät gemessen. Dort, wo abgesperrt ist, werden 11 000 gemessen. Das ist doch absurd, unter solchen Voraussetzungen die Wiederansiedlung links und rechts einer Straße zu erlauben oder nicht zu erlauben, zumal im „Ansiedlungsgebiet" die Belastung höher ist als im „Sperrgebiet". Kein Wunder, dass die Menschen der Regierung nicht vertrauen. Erst seit Kurzem kann man hierher überhaupt wieder fahren.

Die Magnolien blühen. Autos mit platten Reifen rosten vor sich hin. Auf einem Balkon hängt noch Wäsche – die Evakuierung verlief Hals über Kopf. Yonomori ist eine totenstille, blühende Stadt ohne Menschen. Ich empfinde das als gespenstisch.

Die Parkplätze vor den netten kleinen Geschäften wachsen langsam zu. Es ist geradezu unheimlich tonlos. Wir sehen ein Eichhörnchen über die Straße laufen. Was macht das alles mit der Tierwelt?

Die Pastorin der deutschen Gemeinde in Tokio, Gabriele Zieme-Diedrich, erzählt, dass die Familien meist im überhasteten Aufbruch ihre Hunde zurückgelassen haben, die nun herumstreunen. Einige Häuser sind offensichtlich erdbebengeschädigt, manche sicher nicht mehr zu retten, andere vollkommen intakt. Die Ampeln funktionieren noch und blinken. In einem Laden hängen Kleider im Schaufenster. Der Geigerzähler am Straßenrand zeigt 2,1.

Fünf Kilometer weiter endet die Sperrzone. Das Leben scheint fast normal. Der Geigerzähler zeigt 0,29. Auch hier blühen die Magnolien. Wir kommen zu einem Ferienresort mit Hotel, Zeltplatz und großem Kinderspielplatz direkt am Küstenstreifen, hoch über dem Pazifik. Es ist ein grandioser Ort, aber menschenleer. Wer hinunter landeinwärts schaut, versteht, warum. Riesige Mengen von Plastiksäcken werden hier gelagert und jeweils zu Tausenden mit Plastikplanen abgedeckt. Auf einem Schild steht, dass die Flutwelle hier 10,5 Meter hoch war.

Im nächsten Dorf sind wunderschöne Häuser mit Pazifikblick zu sehen. Alle sind verlassen. Im Meer stehen drei Windkraftanlagen. Auf einem Schild steht, das sei „Fukushima FORWARD". Von Atomkatastrophe oder nuklearer Belastung kein Wort …

Wir kommen zurück nach Iwaki. Der Geigerzähler zeigt 0,13. Die Küste entlang der Stadt ist 70 Kilometer lang, hier werden Betonwellenbrecher ins Meer gebracht und eine riesige Deichschutzanlage entsteht. Der Pazifik wird bald nicht mehr zu sehen sein. In alledem zeigt sich eine gewisse Hilflosigkeit.

Weder kann die verseuchte Erde auf Dauer so lagern, noch kann der Deich 10 Meter hoch werden. Ministerpräsident Abé aber hat die Region besucht, erzählt unsere Reiseleiterin Junko Kikuche, und hier demonstrativ frischen Fisch gegessen. Auch lässt er offenbar viel Geld in die Region fließen, um zu zeigen, dass die Regierung alles im Griff hat. Alles ist gut in Fukushima...

Es wird Abend in Iwaki. Was für ein wunderbarer Flecken Erde mit Bergen auf der einen Seite und dem Pazifik auf der anderen. Das Klima ist mild, es wird maximal 28 Grad warm im Sommer. Die nukleare Verseuchung ist nicht zu sehen, nicht zu riechen, nur der Geigerzäher schlägt weiter aus. Unheimlich ist das.

Ich denke mit Claudia Ostarek, der Asienreferentin der EKD, darüber nach, ob die Geschichte vom Turmbau zu Babel hier theologisch greift. Ja, es geht um Menschen, die meinen, alles im Griff zu haben. Der Mensch kann die Geister, die er rief, nicht beherrschen. Helfen würde wohl nur eines: unbedingte Aufklärung und Transparenz, damit Vertrauen wächst. Hilfe für die geschädigten Menschen und sorgfältige Untersuchungen, ob und, wenn ja, wie eine nuklearverseuchte Gegend Zukunft finden kann. Wer das hier sieht, kann nicht begreifen, warum in Japan nicht längst alle AKWs abgeschaltet sind, sagt Hille Richers aus der rheinischen Kirche, die zu unserer Delegation gehört.

Am 27. April begleiten wir zunächst morgens eine Gruppe von Müttern, die auf dem Sportplatz einer Schule Messungen vornimmt. Der offizielle Geigerzähler an der Schule zeigt einen Wert von 0,12 Mikrosievert, die Frauen messen 0,2. Die Behörden erklären, bis 0,23 sei der Wert unbedenklich; Umweltgruppen sagen, ab 0,18 liege eine Gefährdung vor. Wir rechnen aus, dass der Wert 0,12 dem 51-fachen dessen entspricht, was in

Deutschland bei Berufen, die mit Strahlung zu tun haben, erlaubt ist.

Was ist das Ziel der Messungen?, fragen wir. Die Sicherheit der Kinder, sagen die Mütter. Aber sind die Kinder nicht noch mehr verunsichert, wenn sie an einem Tag den Schulhof meiden sollen, an einem anderen nicht? Die Strahlung ist da, man kann ihr nicht entkommen. Es ist merkwürdig, an einem wunderbaren Frühlingstag in einem herrlichen Umfeld mit diesem „unsichtbaren Feind", wie sie ihn nennen, konfrontiert zu sein. Ja, sagt eine der Mütter, ihrer Tochter sei es unangenehm, wenn sie eigenes Essen mit in die Schule bringe und dadurch eine Sonderrolle spiele, die kritisch gesehen werde, auch von den Lehrern. Aber würde nicht jede Mutter versuchen, ihr Kind zu schützen?

Die Frauen bringen die Probe vom Sportplatz in das Zentrum „Tarachine", das Wort bedeutet „Mutter". Schockierte Mütter haben hier begonnen, eine Messstation aufzubauen. Menschen können Erde aus ihrem Garten bringen, um zu wissen, ob sie dort bedenkenlos Gemüse anbauen können. Es gibt auch die Möglichkeit, eine Ganzkörperstrahlungsmessung durchzuführen, und einen freundlichen Raum mit einem speziellen Sonografiegerät für Kinder. Die Zahl der Erkrankungen an Leukämie und Schilddrüsenkrebs ist deutlich erhöht in Iwaki, berichtet die Leiterin Kaori Suzuki. Zudem werden vielen Kindern, die an der psychischen Belastung leiden und Schlafstörungen haben, Antidepressiva verabreicht. Kaori Suzuki sagt, vor der Katastrophe habe sie ein ganz normales Leben als Mutter geführt, jetzt ist sie täglich hier im Zentrum, alles hat sich verändert.

Zum Abschluss besuchen wir die Baptistengemeinde von Iwaki. Ihre Kirche lag fünf Kilometer vom Reaktor Fukushima 1 entfernt. Am Tag nach dem Erdbeben wurde die Evakuierung verfügt, 70 000 Menschen mussten innerhalb von Stunden das

Gebiet verlassen. Pfarrer Akira Sato hat darüber ein Buch geschrieben, in dem er erzählt, wie einzelne Gemeindemitglieder durch den Tsunami oder die hohe Verstrahlung starben, andere auf der Flucht über ganz Japan verteilt wurden. Im Mai 2015 konnten sie in Iwaki, 60 Kilometer von der alten Kirche entfernt, ein neues Gemeindezentrum errichten. Es hat die Form eines Vogels, mit Flügeln, die ihn in Richtung der alten Heimat fliegen lassen. Besonders anrührend: Mit einer Sondergenehmigung und mit Schutzanzügen ausgerüstet, hat die Gemeinde die Urnen ihrer Toten aus dem Sperrgebiet geholt und in einem Kolumbarium aufgestellt …

Als wir mit unserer kleinen Delegation von vier Deutschen, einem Schweizer und vier begleitenden Japanern abreisen, bekommen wir von Pfarrer Akashi einen Ausdruck unserer Reiseroute, auf der die Strahlenbelastung in kurzen Abständen aufgezeichnet ist. „Da hatten wir mehr als die Hälfte der Höchstbelastung für ein Jahr", sagt Ulrich Lilie, Direktor des Diakonischen Werkes.

Die Menschen bleiben zurück in dieser wunderbaren Landschaft. Ich kann verstehen, dass viele von ihnen einfach verdrängen wollen und gern den Beschwichtigungen der Regierung glauben. Wie sollen sie denn sonst auf Dauer hier leben?

Und wie sieht es bei uns aus? In Deutschland soll 2022 das letzte Atomkraftwerk vom Netz gehen – der deutsche Atomausstieg ist eine Folge von Fukushima. Aber in der EU gibt es derzeit 131 Atomkraftwerke in 14 Mitgliedstaaten, in 13 Ländern sind neue Atomkraftwerke in Planung, und im Mai 2016 hat die EU-Kommission beschlossen, den Ausbau der Kernenergie zu fördern. Angesichts der Erfahrungen in Fukushima ist das für mich unfassbar. Diese Energie ist nicht kontrollierbar und die Folgen von Fehlern sind für viele, viele Generationen eine verheerende Belastung.

Hoffnung und Verantwortung

Wer in sicheren Verhältnissen lebt und Unrecht und Krieg anmahnt, dem wird schnell vorgeworfen, das sei ja leicht vom bequemen Schreibtischstuhl aus, unangefochten von wirklicher Not und realem Schmerz. Ganz anders klingt es, wenn Michael Lapsley schreibt: „Ich glaube, dass wir als Menschen eine langfristige Perspektive des Wandels der Geschichte brauchen, die wir ja weder ganz kontrollieren noch vorhersehen können. Manches weiß nur Gott. Aber wir sind aufgerufen, Gottes Projekt für unsere Welt mitzugestalten. Dies ist der Sinn von Hoffnung, und aus diesem Grund gehen wir weiterhin gemeinsam mit anderen durch diese Welt, auf der Suche nach Heilung und im Streben nach einer besseren Welt."

Dieses Kapitel begann mit dem Friedenslied eines Mannes, beschließen möchte ich es mit dem Hoffnungsgedicht einer Frau, Gioconda Belli:

Niemand sucht aus
Man sucht sich das Land seiner Geburt nicht aus,
und liebt doch das Land, wo man geboren wurde.

Man sucht sich die Zeit nicht aus,
in der man die Welt betritt,
aber man muss Spuren in seiner Zeit hinterlassen.

Seiner Verantwortung kann sich niemand entziehen.
Niemand kann seine Augen verschließen,
nicht seine Ohren,
stumm werden und sich die Hände abschneiden.

Es ist die Pflicht von allen zu lieben,
ein Leben zu leben, ein Ziel zu erreichen.

Wir suchen den Zeitpunkt nicht aus,
zu dem wir die Welt betreten,
aber gestalten können wir diese Welt,
worin das Samenkorn wächst,
das wir in uns tragen.[IX]

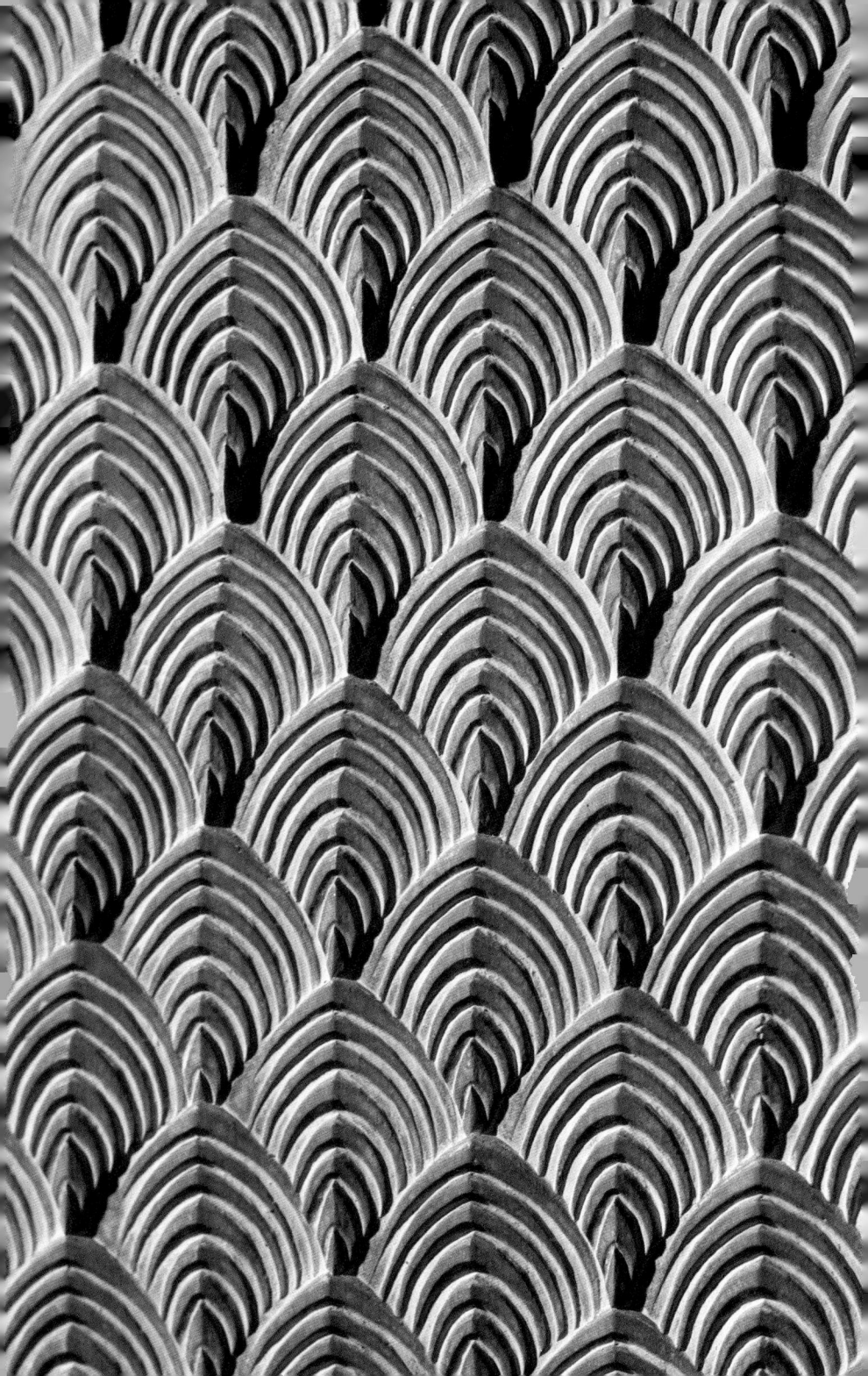

7

Sei getrost und unverzagt!

Wie wir unsere Seele vor
Lebensangst schützen können

Im März 2016 verstarb der Sänger Roger Cicero im Alter von 45 Jahren. Besonders ein Lied von ihm wird unvergessen bleiben, denke ich. Es hat den Titel *In diesem Moment*[X]:

In diesem Moment

Geht irgendwo die Sonne auf
Nimmt ein Schicksal seinen Lauf
Erlischt irgendwo ein Stern
Scheint das Glück unendlich fern
Werden Zwillinge geboren
Und Liebeslügen geschworen
Werden Hoffnungen zerstört
Und ein Gebet erhört
Und irgendwo wirds gerade Sommer
Und anderswo schon Herbst
Und Menschen glauben fest daran
Dass ihre Jugend wiederkehrt
…
Und als einer von Millionen
Steh ich hier und schau nach oben
Frag mich wo du gerade bist
Und wie es da wohl ist
Und als einer von Millionen

Der an Erinnerungen hängt
Fühl ich dass du gerade hier bist
In diesem Moment

Das Lied hat viele Menschen angerührt, weil sie dieselben Fragen kennen: Welche Bedeutung hat mein kleines Leben im großen Ganzen? Steht Gott dahinter? Wie gehe ich mit all den Erfahrungen um? Wie finde ich Haltung? Was bedeutet Glaube?

Haltung

Je älter ich werde, desto überzeugter bin ich, dass es am Ende vor allem um Haltung geht: um die Haltung, mit der wir unseren Lebensweg gehen, gestalten oder eben auch ertragen, wenn wir daran nichts ändern können. Deshalb ist es gut, wenn die Älteren ihre Geschichten erzählen und die Jüngeren sie hören wollen, damit wir voneinander lernen, unsere Erfahrungen uns vielleicht gegenseitig bestärken. Meine Großmutter, von der ich im Eingangsteil erzählte, war ein solcher Mensch für mich, von dessen Geschichte und Lebensmut ich viel gelernt habe. Beeindruckt hat mich aber auch ihr Altwerden. Sie konnte sich freuen am Alter, an der Freiheit, an allem, was sie noch erleben durfte.

Für meine Kinder, meine Nichten und Neffen war meine Mutter eine solche Person. Sowohl ihre Erzählungen waren Legende als auch ihr Nudelauflauf. Die Schaukel in ihrem Garten ebenso wie die „Fernseh-Ausnahmen" von den strengeren Regeln zu Hause. Und auch sie hat das Alter geschätzt, die Vorzüge sehen können, neben allen Belastungen. Im Grunde hat sie nie gejammert. Und so ist sie den Kindern, die heute längst erwachsen, zum Teil selbst Eltern sind, in Erinnerung. Als sie starb, haben wir im großen Familienkreis zwar ihren Tod betrauert, aber noch mehr ihr Leben gefeiert.

Im hebräischen Teil der Bibel gibt es zwei Geschichten, in denen jeweils der ältere Mann einem jüngeren eine Aufgabe anvertraut und ihn zu einer zuversichtlichen Lebenshaltung ermutigt: „Sei getrost und unverzagt!"

Die erste ist die von Mose und Josua. Mose hat das Volk Israel aus der Sklaverei in Ägypten in die Freiheit geführt. Es waren lange und schwere Jahre, in denen es Zweifel an Gott gab. Zweifel, ob dieser Weg der richtige sei oder es nicht besser gewesen wäre, unfrei, aber in Sicherheit zu sein. Auch Zweifel an der Führungskompetenz von Mose. Nun endlich ist das Land in Sichtweite, auf das sie alle gehofft haben. Mose aber darf das Land, so erzählt es die Bibel, nur von ferne sehen, er wird es nicht betreten dürfen.

So setzt Mose Josua als Nachfolger ein. Dem ist bewusst, welche schwere Aufgabe vor ihm steht. Sie werden das verheißene Land ja erst noch erobern müssen, das Volk wird sich dort eine neue Heimat aufbauen müssen, mit allen Schwierigkeiten, die das mit sich bringt. Im fünften Buch Mose (31,7 f.) heißt es:

Und Mose rief Josua und sprach zu ihm vor den Augen von ganz Israel: Sei getrost und unverzagt; denn du wirst dies Volk in das Land bringen, das der Herr ihren Vätern geschworen hat, ihnen zu geben, und du wirst es unter sie austeilen. Der Herr aber, der selber vor euch hergeht, der wird mit dir sein und wird die Hand nicht abtun und dich nicht verlassen. Fürchte dich nicht und erschrick nicht!

Das ist eine sehr schöne und anrührende Szene, die da geschildert wird, finde ich. Der alte Mann Mose zeigt sich nicht bitter und enttäuscht, sondern er gibt aufrechten Hauptes seine Lebensaufgabe an die nachkommende Generation weiter. Ihm ist aus eigener Erfahrung mehr als klar, dass Josua keinen leichten

Weg vor sich hat. Aber statt lauter Warnungen auszusprechen, was alles passieren könnte, ermutigt er ihn schlicht: Sei getrost und unverzagt! Du wirst schon bewältigen können, was an Herausforderungen auf dich zukommt. Gottvertrauen wird dich stärken, also keine Angst, sondern mutig vorangegangen.

Sehr ähnlich verhält es sich mit der Geschichte von König David und seinem Sohn Salomo, die viele Jahrhunderte später spielt. David war als König enorm erfolgreich, hat mit vielen Siegen das Land gefestigt. Nun ist es seine große Vision, einen Tempel in Jerusalem zu bauen. Ein großes Haus zu Ehren Gottes und als Ort für das Volk Israel, um dort Gottesdienst zu feiern. Aber wie Mose muss David eine Grenze für sich akzeptieren. Gott sagt ihm, er könne diesen Tempel nicht bauen, sondern sein Sohn solle dies tun. In 1. Chronik (22,6–13) ist zu lesen:

Und er rief seinen Sohn Salomo und gebot ihm, dem Herrn, dem Gott Israels, ein Haus zu bauen, und sprach zu ihm: Mein Sohn, ich hatte im Sinn, dem Namen des Herrn, meines Gottes, ein Haus zu bauen, aber das Wort des Herrn kam zu mir: Du hast viel Blut vergossen und große Kriege geführt; darum sollst du meinem Namen nicht ein Haus bauen, weil du vor mir so viel Blut auf die Erde vergossen hast.

Siehe, der Sohn, der dir geboren werden soll, der wird ein Mann der Ruhe sein; denn ich will ihm Ruhe schaffen vor allen seinen Feinden ringsumher. Er soll Salomo heißen; denn ich will Israel Frieden und Ruhe geben, solange er lebt. Der soll meinem Namen ein Haus bauen. Er soll mein Sohn sein und ich will sein Vater sein. Und ich will seinen königlichen Thron über Israel bestätigen ewiglich. So wird nun, mein Sohn, der Herr mit dir sein und es wird dir gelingen, dass du dem Herrn, deinem Gott, ein Haus baust, wie er von dir gesagt hat.

Auch wird der Herr dir geben Klugheit und Verstand und wird dich bestellen über Israel, dass du haltest das Gesetz des Herrn, deines Gottes. Dann aber wird es dir gelingen, wenn du die Gebote und Rechte befolgst, die der Herr dem Mose für Israel geboten hat. Sei getrost und unverzagt, fürchte dich nicht und lass dich nicht erschrecken!

Der ältere Mann warnt auch in dieser Geschichte nicht vor dem, was alles passieren könnte, sondern ermutigt den Sohn. Ja, es ist eine große Aufgabe. Ja, ich weiß, das Leben besteht nicht immer aus geraden Wegen. Aber mit Gottvertrauen kannst du den Weg weitergehen, den ich begonnen habe, du auf deine ganz eigene Weise. Nur keine Angst!

Für mich sind das Lebensermutigungen, wie wir sie brauchen. Es ist die Erfahrung der Älteren, die uns zeigen kann: Krisen gibt es, aber wir können sie bewältigen! Das Leben ist voller Herausforderungen, hab keine Angst davor.

Festhalten an Vergangenem

Im Januar 2016 bat mich ein Boulevardblatt um ein Interview. Eigentlich wollte ich gleich absagen, aber dann hieß es, um Glauben und Zweifel solle es gehen. Nachdem die Journalistin dazu einige Fragen gestellt hatte, ging sie direkt zum Persönlichen über. „Sie mit der Krebserkrankung …" – Ich: „Das ist zehn Jahre her." Dann: „2008 haben Sie sich ja scheiden lassen." Ich: „Das war 2007 und WIR haben uns scheiden lassen." Schließlich: „Ihr Rücktritt …" Ich: „Das ist sechs Jahre her und ich habe seitdem auch gelebt."

Am Ende waren wir beide ein wenig erschöpft. Meine Frage ist: Was soll das, diese Festlegung auf die Vergangenheit? Einerseits wurde mir vorgeworfen, meine Krebserkrankung und Scheidung öffentlich gemacht zu haben. Aber ebenso wenig war es möglich, solche grundsätzlichen Einbrüche ins Leben zu verheimlichen, wie es möglich war, meinen Rücktritt ganz im Verborgenen zu vollziehen. Nur scheint mir es so, als würde für die Presse eine Art Vergangenheitsprinzip gelten, das dich festlegt. Immer wieder wird hervorholt, was einmal war, obwohl es für dich selbst gar nicht mehr so eine große Bedeutung hat. Als seien die Informationen aus dem Internet Wahrheit und nicht das Leben selbst.

Sehr unterhaltsam habe ich das erlebt, als ich bei einer Veranstaltung begrüßt wurde und der Einladende ausführte, ich hätte ein Jahr in Israel gelebt. Ich habe gesagt: „Nein, habe ich nicht." Er: „Doch, das steht bei Wikipedia!" Anschließend habe ich zum ersten Mal meinen Eintrag bei Wikipedia gelesen – es hat mich einige Mühe gekostet, das Israeljahr zu löschen. Mein Argument, ich müsste es doch schließlich wissen, hat nur wenig genützt.

Mir geht es darum, sich von dem zu lösen, was andere denken oder denken könnten, was sie vielleicht zu wissen meinen. Sich selbst frei zu machen von dem, was war. Du kannst vieles in deinem Leben schlicht nicht mehr ändern. Aber du musst es auch nicht permanent aufs Neue betrachten.

Kraftanstrengungen

Das Leben ist geschenkte Zeit, die wir nicht nur erleiden, sondern gestalten können mit allen Höhen und Tiefen. Und es gibt Zeiten, die uns besondere Kraft abverlangen. Dazu gehört besonders die Phase, die als „Rushhour des Lebens" bezeichnet wird. Da sind Kinder zu versorgen, die Eltern zu betreuen und zwischendrin stehe ich mit den Anforderungen des Berufs oder auch schlicht dem Familienmanagement. Wie belastend diese Phasen sein können, beschrieb eine Frau eindrücklich in einem Brief an mich:

*Ich befinde mich zurzeit – im wahrsten Sinne des Wortes – mitten im Leben, was nicht nur das Lebensalter, sondern gerade die Lebenssituation meint. So mittendrin im Leben mit allem Drum und Dran war ich vorher noch nie. Auf der einen Seite heranwachsende Generation: meine 11-jährigen Zwillingstöchter. Auf der anderen Seite meine 87-jährige Mutter, die einer aussterbenden Generation angehört. Ich muss sowohl für die Bedürfnisse des jungen Lebens als auch für die des Alters sorgen. Die Sorge für die Kinder ist in gleichem Maße aufwändig wie die Sorge um die alten Menschen, obwohl ich die Betreuung meiner Mutter als belastender empfinde als die der Kinder. …
Sie brauchen Zuwendung, müssen lernen mithilfe von Schule und Eltern, damit sie irgendwann mit ihrem Leben allein zurechtkommen.*

Meine Mutter kommt nicht mehr mit ihrem Leben allein zurecht. Sie ist fast so bedürftig wie ein Kind. Es sind bei ihr nicht nur die körperlichen Funktionen, die nachlassen, sondern auch die Einsamkeit und eine damit verbundene Depression, die meine Mutter so sehr bedürftig werden lassen.

Mein Mann unterstützt mich, so gut es geht – aber er ist die meiste Zeit des Tages nicht verfügbar. Das Familienmanagement lastet hauptsächlich auf mir. Ich bin Hausfrau und habe zusätzlich einen Minijob. Wie schafft man das alles? Viel freie Zeit bleibt da nicht …

Ja, das verstehe ich. Diesen Druck, Leistungsanforderungen im Beruf und gleichzeitig die Wahrnehmung: Ich müsste viel mehr für meine Familie da sein, das kennen viele Frauen im mittleren Alter.

Wie langweilig wäre denn ein aalglattes Leben!

Ich finde mein Leben gut so, wie es ist. Ich kann es annehmen mit allen Höhen und Tiefen. Aber ich finde auch, es ist dicht genug. Als ich erklärte, mit 60 in den Ruhestand gehen zu wollen, gab es auch schon wieder Kritik.

Jeder Mensch hat sein eigenes Lebenstempo, ein gewisses Maß an Lebenskraft, einen ganz individuellen Lebensverlauf. Manches können wir selbst bestimmen, anderes wird uns in die Wiege gelegt oder passiert uns schlicht. Aber wenn alles immer ganz glatt seinen Gang geht, ist es nicht unbedingt ein gelingendes Leben. Wir empfinden das Leben im Rückblick am tiefsten, wenn Spannungen entstehen, wir mit Ängsten zu kämpfen haben, um den richtigen Weg ringen.

Ich höre immer wieder Menschen jammern, wie schlimm es sei, in eine Lebenskrise zu geraten. Ja, das ist schlimm. Aber es ist nicht nur schlimm. Denn Krise kommt vom griechischen Wort *krinein* und das bedeutet „unterscheiden". Krisen helfen uns auch, zu unterscheiden, was uns wichtig ist und was nicht, zu wem wir stehen wollen und zu wem nicht, welchen Weg wir gehen wollen und welchen nicht. Deshalb: So schwer Krisen sind und so wenig wir sie herbeiwünschen, so sehr helfen sie uns doch, das Leben wahrzunehmen.

Leben als Fragment

Der Theologe Henning Luther, der in den 1980er-Jahren in Marburg lebte und mit 44 Jahren an HIV/Aids verstarb, hat auf beeindruckende Weise darüber nachgedacht, ob denn etwa das Leben Jesu als unvollkommen anzusehen sei, eben weil er so jung am Kreuz starb, oder ob nicht auch bruchstückhaftes Leben in sich sinnvoll und in diesem Sinne auch vollständig sei. Henning Luther schreibt. „Wir sind immer zugleich auch gleichsam Ruinen unserer Vergangenheit, Fragmente zerbrochener Hoffnungen, verronnener Lebenswünsche, verworfener

Möglichkeiten, vertaner und verspielter Chancen. Wir sind Ruinen aufgrund unseres Versagens und unserer Schuld ebenso wie aufgrund zugefügter Verletzungen und erlittener und widerfahrener Verluste und Niederlagen. Dies ist der Schmerz des Fragments."[38]

Für mich ist die Rede vom fragmentarischen Leben wichtig, weil sie die „Ruinen", also all das, was wir nicht geschafft, vielleicht sogar abgebrochen haben, das, was wir nicht aufgebaut oder auch abgerissen haben, hineinnimmt in unser Leben insgesamt.

Wenn wir unser Leben fragmentarisch verstehen, kommen wir auch über dieses Gefühl hinaus, Lebenszeit vergeudet zu haben oder auch das Leben nicht ausschöpfen zu können. Als sei uns etwas entgangen – und das sei zutiefst ungerecht. Da heißt es in den Nachrufen zum Tod des Sängers Roger Cicero mit 45 Jahren, er sei „viel zu früh" gestorben. Was heißt „zu früh"? Was wäre die rechte Zeit zum Sterben? Jemand, der mit 45 Jahren so wunderbare Musik zurücklässt, hat die Lebenszeit, die ihm zur Verfügung stand, ja voll ausgeschöpft. Gewiss, wenn ein junger Mensch, ein Kind stirbt, empfinden wir das immer geradezu als Angriff auf unser vermeintliches Recht auf Lebenszeit, die wir beanspruchen.

Wir können solche Urteile, ob das Leben nun lang genug sei, überwinden, wenn wir einsehen, dass das Leben voller Brüche ist. Es gibt kein Recht auf gelingendes Leben, sondern nur eine Ermutigung zum Leben mit all seinen Brüchen. Nicht alles, was wir Scheitern nennen, ist auch eins. Wenn wir nicht krank werden wollen an unserer Seele, müssen wir damit leben lernen, dass manche Ruinen nicht wieder aufgebaut werden, manche Freundschaften und manche Ehen in Trümmern liegen bleiben. Damit lässt sich Frieden finden.

---

38 Zitiert nach: Hanna Dallmeier, Predigt in der Universitätskirche Marburg am 12. Juli 2009.

Dankbarkeit

Wenn ich Menschen treffe, die dankbar sind für ihr Leben, erlebe ich an ihnen immer eine tiefe Spiegelung von Lebensfreude. Während die einen enttäuscht sind, dass sie nicht mehr verdienen, sind die Dankbaren froh, dass sie so viel verdienen. Auch wenn beide das Gleiche bekommen, nehmen sie es unterschiedlich wahr.

Die einen fühlen sich benachteiligt, weil sie gern eine schönere Wohnung hätten. Die Dankbaren freuen sich über ihre schöne Wohnung. Die einen fühlen sich ungerecht behandelt. Die Dankbaren freuen sich über ihre Lebenschancen.

Da sagen Eltern ihrem Kind: „Du musst dich immer nach oben orientieren!" Und das Kind fragt, woran sich denn der Freund orientieren soll, der es so viel schwerer hat. Menschen werden undankbar, wenn sie nicht mehr sehen, was sie besitzen, welche Möglichkeiten ihnen beschert werden – im wahrsten Sinne des Wortes –, sondern stattdessen nur noch „nach oben" schauen. Sich an denen messen, die mehr haben: mehr Geld, mehr schöne Kleider, mehr Urlaub. Wobei ich mich frage, was „mehr" bedeutet.

Die Lebensweisheit der sogenannten kleinen Leute ist oft klarer als manche hochtrabende Philosophie.

Wenn wir uns fragen, was der Mensch zum Leben braucht, dann sind es doch zuallererst die elementaren Dinge: ein Dach über dem Kopf, Essen, Trinken, Gesundheitsversorgung, Bildung und ja, ganz wichtig: Liebe, Beziehungen. Alles andere ist ein „donum super additum", ein Geschenk über das Notwendige hinaus.

Wie vielen Menschen auf der Welt geht es deutlich schlechter? Vergewaltigten Frauen in der Zentralafrikanischen Republik, verängstigten Kindern in den Flüchtlingslagern im Libanon, traumatisierten Männern in den Trümmern von Aleppo.

Unsere Probleme sind dagegen verschwindend klein. Geradezu beschämend klein.

Was überhaupt ist Glück?

Wer eigentlich führt ein glückliches Leben? Zum einen gibt es oft gigantische Erwartungen, wie denn das Leben zu sein habe. Endlich das Traumhaus dein Eigen nennen. Vom Märchenprinzen vor den Traualtar geführt werden. Auf den Malediven Urlaub machen. Das sind eigentlich absurde Bilder vom Glück. Das Traumhaus bedeutet am Ende vielleicht eine erdrückende Schuldenlast, der die Ehe nicht standhält. Der Märchenprinz entpuppt sich als übellauniger Tyrann, der bald schon andere Beziehungen sucht. Und Urlaub kann auch „Ehe unter erschwerten Vorzeichen" bedeuten, wie ein Kollege einmal sagte.

Glück zeigt sich auf verschiedene Weise. Es kann schlicht eine Lebenszufriedenheit bedeuten, weil ich mir bewusst bin: Mir geht es gut. Wer sich ständig mit Menschen misst, die mehr haben, vergiftet sich selbst. Wer ständig mehr will, wird gierig. Warum muss ein Lionel Messi als weltweit anerkannter und beliebter Fußballer noch Scheinfirmen in Panama haben?

Es gibt auch ein Genug, das sich sehr gut anfühlt. Glück bedeutet doch auch, zu wissen, dass ich in Frieden leben kann, dass meine Kinder zur Schule gehen konnten und ich als Frau selbst über mein Leben entscheiden kann. Das macht mich glücklich.

Glück kann ich in einem kurzen, besonderen Moment empfinden. Ein Mann erzählte mir, er habe in einem Café gesessen, da habe ihn dieses Gefühl geradezu durchfahren: Alles ist gerade so richtig gut. Mein Leben ist in Balance, nichts meldet Störgefühle. Das kann ich gut nachvollziehen. Während ich diesen Text schreibe, kann ich auf einen Garten im Frühling schauen. Vögel picken auf dem Rasen und fliegen wacker ins

Nest, um die Jungen zu füttern. Die Wäsche weht im Aprilwind, es ist still – Glück ist es, das erleben zu dürfen.

Gleichzeitig weiß ich von einem minderjährigen Flüchtling, der den sehnlichen Wunsch hat, seinen Bruder in Duisburg zu besuchen. Das wäre Glück für ihn. Und ich frage mich, was ich tun kann, damit er den Landkreis verlassen darf. Das Geld für die Bahnfahrt will ich ihm gern geben. Mein Glück wäre größer, wenn ich wüsste, dass es ihm zumindest besser geht. Unser Glück ist also niemals so ganz individualistisch, egomanisch, nach dem Motto: Hauptsache, mir geht es gut. Nein, Glück heißt auch, dass ich beitragen kann zum Glück, zumindest zur Zufriedenheit, vielleicht auch nur zur Verbesserung der Lebenslage von anderen.

Mich spricht am christlichen Glauben an, dass es niemals nur um mich geht. Natürlich geht es auch um mich, um meine Gottesbeziehung, meinen Glauben, meine Verantwortung. Aber niemals individualistisch, sondern immer mit Blick auf den Nächsten, die anderen.

Jesus selbst war Gemeinschaft wichtig, er hat sich Menschen gesucht, die mit ihm gingen, hat andere an seinen Tisch zum Essen eingeladen. Und nach seinem Tod blieben die, die ihm vertraut hatten, nicht allein, sondern zusammen. Als sie schließlich begriffen, dass die Geschichte des Jesus von Nazareth mit dessen Tod nicht zu Ende war, gründeten sie Gemeinden. Oft heißt es in den Erzählungen des Neuen Testaments, dass sich eine ganze Familie samt allen Angestellten oder auch Sklavinnen und Sklaven taufen ließ, etwa Lydia, die erste Christin auf europäischem Boden:

Und eine gottesfürchtige Frau mit Namen Lydia, eine Purpurhändlerin aus der Stadt Thyatira, hörte zu; der tat der Herr das Herz auf, sodass sie darauf Acht hatte, was von Paulus geredet wurde. Als sie aber mit ihrem Hause getauft war, bat sie uns und sprach: Wenn ihr anerkennt, dass ich an den Herrn glaube, so kommt in mein Haus und bleibt da. (Apg 16,14f.)

Beim christlichen Glauben geht es also immer auch um die Gemeinschaft. Ja, der Blick auf mich und mein Leben ist gut und wichtig. Aber der Blick auf die anderen gehört dazu. Es geht nicht um eine Art Ich-Losigkeit, aber sehr wohl um Beziehung als Grundgefühl des Lebens.

Wenn Menschen ganz und gar unglücklich sind, mir sagen, dass sie eigentlich nicht wissen, wofür sie leben, rate ich ihnen: Vergiss alle „To-do-Listen"…

Es gab eine Phase, da kamen Terminplaner unter dem Motto „Simplify your life" in Mode. Das Versprechen war: Wenn Sie den Kalender benutzen, organisieren Sie Ihr Leben so gut, dass Sie Zeit gewinnen. Es gab derartige Planer in den Formaten A 5 und A 6, in Leder gebunden etc. Erst dachte ich: Echt hilfreich. Aber dann begann ich, immer mehr Listen zu schreiben, mit allem, was noch zu tun war, und bekam geradezu Magenkrämpfe, weil ich nicht wusste, wie und vor allem wann ich das alles tun sollte. Sie wurden nicht deutlich weniger, deshalb übertrug ich die Punkte von einer Liste in die nächste, von einem Tagesplan in den anderen – das hat mich ziemlich viel Zeit gekostet.

Dann habe ich das gesamte System verabschiedet und fühle mich seitdem wieder besser.

Im Moment bin ich noch in einer Lebensphase, in der ich ziemlich viele Aufgaben zu erledigen habe. Aber ich versuche, das Schritt für Schritt zu ändern. Ich schaue nicht mehr auf den Terminkalender für ein Jahr, sondern auf die kommenden beiden Wochen. Was danach ist, werden wir sehen. Wie sagte Jesus: „Es genügt, dass jeder Tag seine eigene Plage hat." Warum soll ich mich quälen mit Fragen, die im Jahr 2020 aktuell sein werden, wenn ich nicht einmal weiß, ob ich so lange leben werde?

Mir geht es darum, kleine, erreichbare Oasen in meinem Alltag zu schaffen. Ein Abend mit zwei Freundinnen auf dem Balkon, eine kleine Radtour raus aus Berlin mit meiner Tochter. Oder eine Woche auf Usedom. Mir solche Zeiten gönnen zu können, das ist auch der Luxus des Alters, gewiss. Aber die Ziele herunterzuschrauben, das scheint mir wichtig auch für diejenigen, die noch im unmittelbaren Druck, in der Rushhour des Lebens stehen. Meine Schwiegersöhne haben sich alle eine Elternzeit genommen. Das finde ich großartig. Sie wollen nicht nur abends am Bett ihrer Kinder stehen, wenn die schon schlafen, und morgens aus dem Haus gehen, bevor sie aufwachen. Die jüngere Generation hat da sicher etwas gelernt. Beziehungen, Familie, Privates stellen viele höher in der Skala des lebenswerten Lebens als Geld und beruflichen Erfolg. In der Elternzeit müssen sie finanziell zurückstecken, können sich manches nicht leisten. Aber diese erste Zeit mit ihren Kindern ist unwiederbringlich. Das zu sehen, darin ist die nächste Generation wesentlich klüger als meine. Und ich freue mich, dass Gesellschaften lernen können.

Es will gelebt werden

„Sei getrost und unverzagt", heißt es mehrfach in der Bibel, auch in Psalm 27,14. Diese Lebenshaltung trägt in den guten Zeiten, aber doch auch in allen Krisen, Sorgen, Ängsten und Nöten, die wir erleben. Im Kontext des Glaubens sind ein derartiges Getrost-Sein und eine solche Unverzagtheit stets mit Gottvertrauen verbunden. Und am Ende ist es dieses Gottvertrauen, das unsere Väter und Mütter im Glauben kannten und das wir an die nachfolgenden Generationen als Lebenshaltung weitergeben können: Getrost und unverzagt!

Dazu gehört für mich allerdings auch etwas, das ich als Lebensheiterkeit bezeichnen möchte. Manchmal tut es schlicht gut, über sich selbst zu lachen. Ja, ich habe mich dumm benommen – aber das ist doch auch verzeihlich. Vielleicht müssen wir zuallererst uns selbst verzeihen, um zu einer gewissen Leichtigkeit im Leben zu finden. Dann können wir auch anderen verzeihen. Und das tut gut.

Ich erinnere mich an einen tief gehenden Konflikt mit einem Paar, mit dem ich gut befreundet war. Wir hatten danach einen Briefwechsel, der mit Unverständnis und Schweigen endete. Es hat ein paar Jahre gedauert, bis wir uns alle unverhofft in Berlin wiederfanden. Ich habe die beiden auf den Balkon meiner Wohnung eingeladen. Und bei diesem Essen war auf einmal das Verbindende der gemeinsamen Erinnerungen, aber auch der gegenwärtigen Herausforderungen so viel stärker als unser Konflikt von damals. Es war ein schöner, heiterer, warmherziger Abend. Vergebung ist ein zu großer Begriff dafür. Es war eher eine Versöhnung im besten Sinne des Wortes. Versöhnlich war die Stimmung, verbindend, dankbar für das Gemeinsame, statt festgenagt in das, was uns getrennt hatte.

Lebensheiterkeit vermischt mit Glauben hat für mich immer wieder Hanns Dieter Hüsch formuliert. Mit seinen Worten soll das Kapitel enden:

In Gottes Hand
Wir sind alle in Gottes Hand
Ein jeder Mensch in jedem Land
Wir kommen und wir gehen
Wir singen und wir grüßen
Wir weinen und wir lachen
Wir beten und wir büßen
Gott will uns fröhlich machen

Wir alle haben unsre Zeit
Gott hält die Sanduhr stets bereit
Wir blühen und verwelken
Vom Kopf bis zu den Füßen
Wir packen unsre Sachen
Wir beten und wir büßen
Gott will uns leichter machen

Wir alle haben unser Los
Und sind getrost auf Gottes Floß
Die Welt entlang gefahren
Auf Meeren und auf Flüssen
Die Starken mit den Schwachen
Zu beten und zu büßen
Gott will uns schöner machen

Wir alle bleiben Gottes Kind
Auch wenn wir schon erwachsen sind
Wir werden immer kleiner
Bis wir am Ende wissen
Vom Mund bis zu den Zehen
Wenn wir gen Himmel müssen
Gott will uns heiter sehen.[XI]

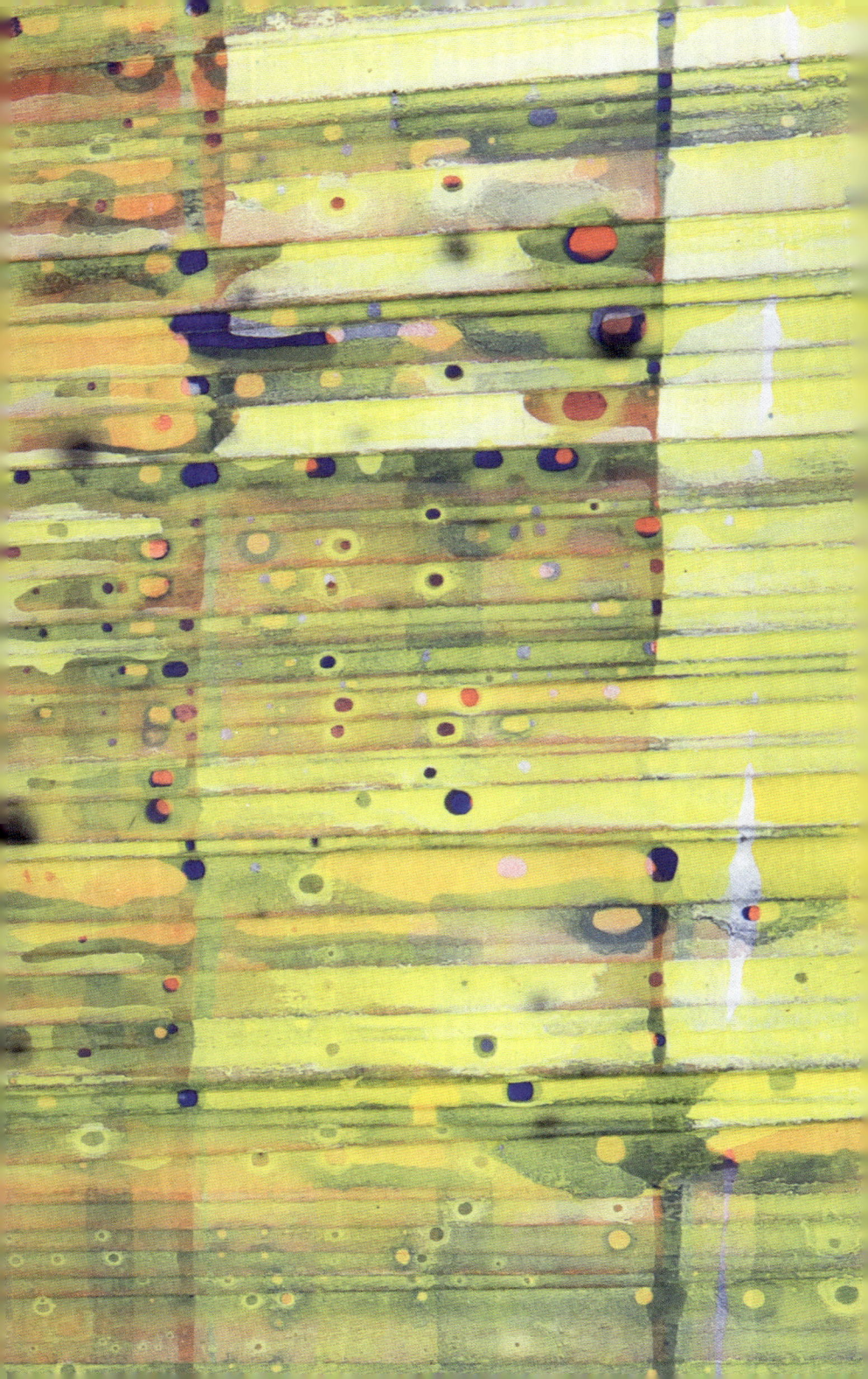

Statt eines Nachwortes

Du, meine Seele, singe

In der Einleitung habe ich von meiner Großmutter geschrieben, die wusste, dass ihr Mann getrost war bis zuletzt. Die viel erlebt, viel erlitten und verloren hatte, aber doch in großer Dankbarkeit und Glaubenskraft lebte. Oh ja, ich weiß sehr wohl, sie war kein perfekter Mensch.

Bevor sie 93-jährig starb, hatte sie mich gebeten, sie zu beerdigen. Ich konnte in der Trauerfeier sagen, dass sie gewiss gern lebendig unter uns sein würde, um jetzt und hier zu bestimmen, wie das alles abläuft. Wir konnten alle miteinander lächeln, das habe ich gern in Erinnerung. Ja, so war sie. Fromm, aber auch durchsetzungsfähig, leiderfahren, aber auch eine Genießerin des Lebens. Voller Erfahrung und doch manchmal auf verschmitzte Weise dem Heute zugewandt. Im Glauben tief verwurzelt, aber doch auch neugierig auf die Welt. Auf den Tag genau 122 Jahre nach ihrem Geburtstag im Jahre 1893 wurde der Enkelsohn einer meiner Schwestern geboren. Der Kreislauf des Lebens, dachte ich …

Ich sehe sie da vor mir in unserer kleinen Küche und kann beinahe ihre Stimme hören. Selbst heute dreifache Großmutter, möchte ich schlicht einstimmen in ihr Singen. Und würde mich freuen, wenn meine Enkelkinder mich so im Gedächtnis behalten, fröhlich, weltzugewandt und Halt gewinnend aus der Tradition unseres Glaubens.

1) Du, meine Seele, singe, / wohlauf und singe schön
dem, welchem alle Dinge / zu Dienst und Willen stehn.
Ich will den Herren droben / hier preisen auf der Erd;
ich will Ihn herzlich loben, / solang ich leben werd.

2) Wohl dem, der einzig schauet / nach Jakobs Gott und Heil!
Wer dem sich anvertrauet, / der hat das beste Teil,
das höchste Gut erlesen, / den schönsten Schatz geliebt;
sein Herz und ganzes Wesen / bleibt ewig ungetrübt.

3) Hier sind die starken Kräfte, / die unerschöpfte Macht;
das weisen die Geschäfte, / die Seine Hand gemacht:
der Himmel und die Erde / mit ihrem ganzen Heer,
der Fisch unzähl'ge Herde / im großen, wilden Meer.

4) Hier sind die treuen Sinnen, / die niemand Unrecht tun,
all denen Gutes gönnen, / die in der Treu beruhn.
Gott hält sein Wort mit Freuden, / und was Er spricht,
geschicht, und wer Gewalt muss leiden, / den schützt Er
im Gericht.

5) Er weiß viel tausend Weisen, / zu retten aus dem Tod,
ernährt und gibet Speisen / zur Zeit der Hungersnot,
macht schöne rote Wangen / oft bei geringem Mahl;
und die da sind gefangen, / die reißt Er aus der Qual.

6) Er ist das Licht der Blinden, / erleuchtet ihr Gesicht;
und die sich schwach befinden, / die stellt Er aufgericht'.
Er liebet alle Frommen, / und die Ihm günstig seind,
die finden, wenn sie kommen, / an Ihm den besten Freund.

7) Er ist der Fremden Hütte, / die Waisen nimmt Er an,
erfüllt der Witwen Bitte, / wird selbst ihr Trost und Mann.
Die aber, die Ihn hassen, / bezahlet Er mit Grimm,
ihr Haus und wo sie saßen, / das wirft Er um und um.

8) Ach ich bin viel zu wenig, / zu rühmen Seinen Ruhm;
der Herr allein ist König, / ich eine welke Blum.
Jedoch weil ich gehöre / gen Zion in Sein Zelt,
ist's billig, dass ich mehre / Sein Lob vor aller Welt.

(Paul Gerhardt im 17. Jahrhundert)

Kristina Johlige Tolstoy

wurde 1967, als Ur-Ur-Enkelin von Leo Tolstoy, im Allgäu geboren. Im Alter von drei Jahren durfte sie im Bildhauer-Atelier
ihres Vaters Gerhard bereits mit Hammer und Meißel arbeiten.
Die in Garmisch-Partenkirchen ausgebildete Holz-Bildhauerin
ist als freischaffende Künstlerin tätig. Dieses Buch hat sie mit
mehreren Reliefbildern illustriert.

www.kristinajohlige.com

Licht und Dunkel, 22 x 22 cm, 2016, Gipsguss, bemalt

Scalesquare, 100 x 100 cm, 2014, Gipsguss

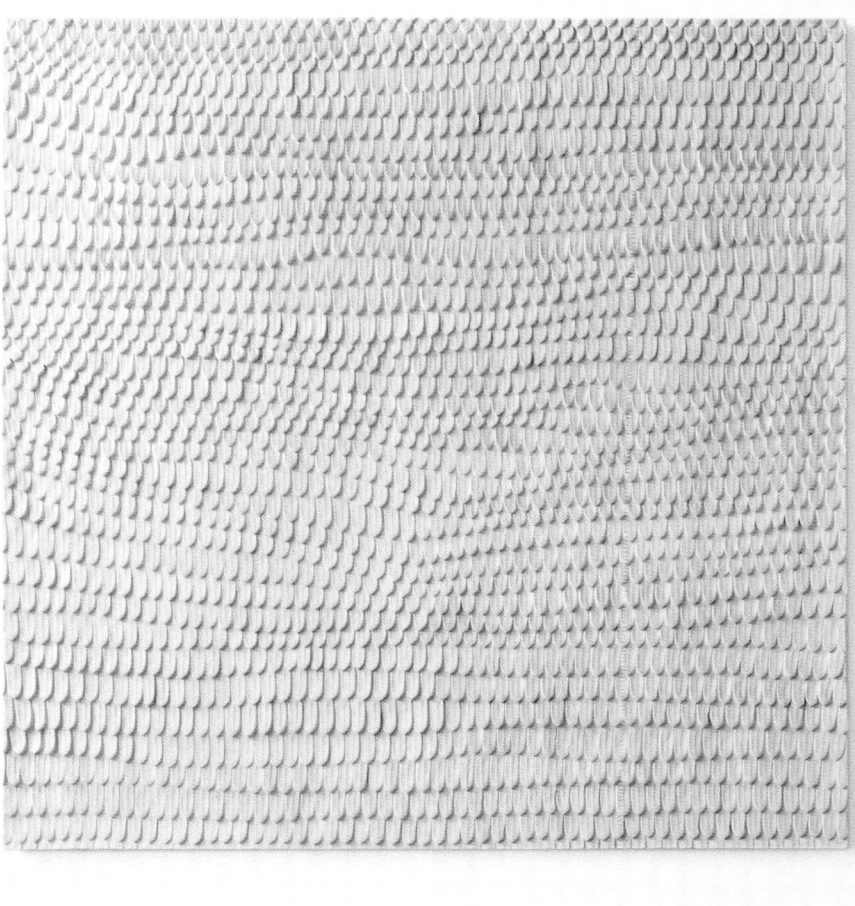

Eichelhütchen, Schnur, 42 x 54 cm, 2013, Gipsguss, bemalt

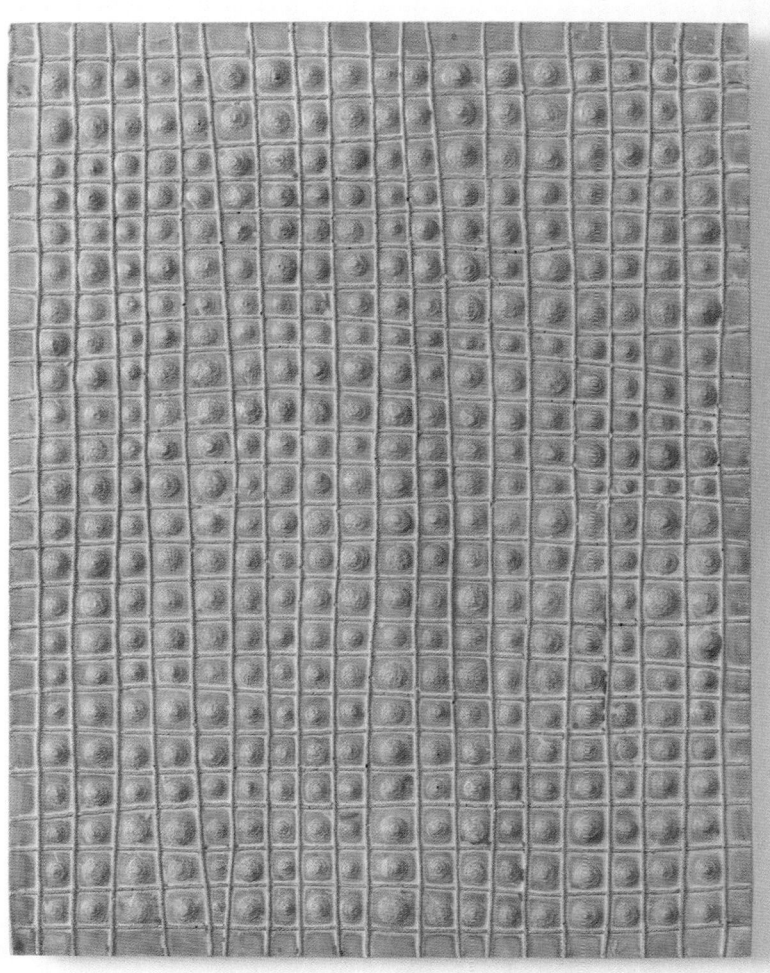

Grastrilogie, je 44 x 60 cm, 2014, Gipsguss

Eschensamen, 41 x 56 cm, 2013, Gipsguss, Eschensamen

Blue Twin, je 41 x 43 cm, 2014, Gipsguss, bemalt

Blattedrale II, 43 x 54 cm, 2014, Gipsguss, bemalt

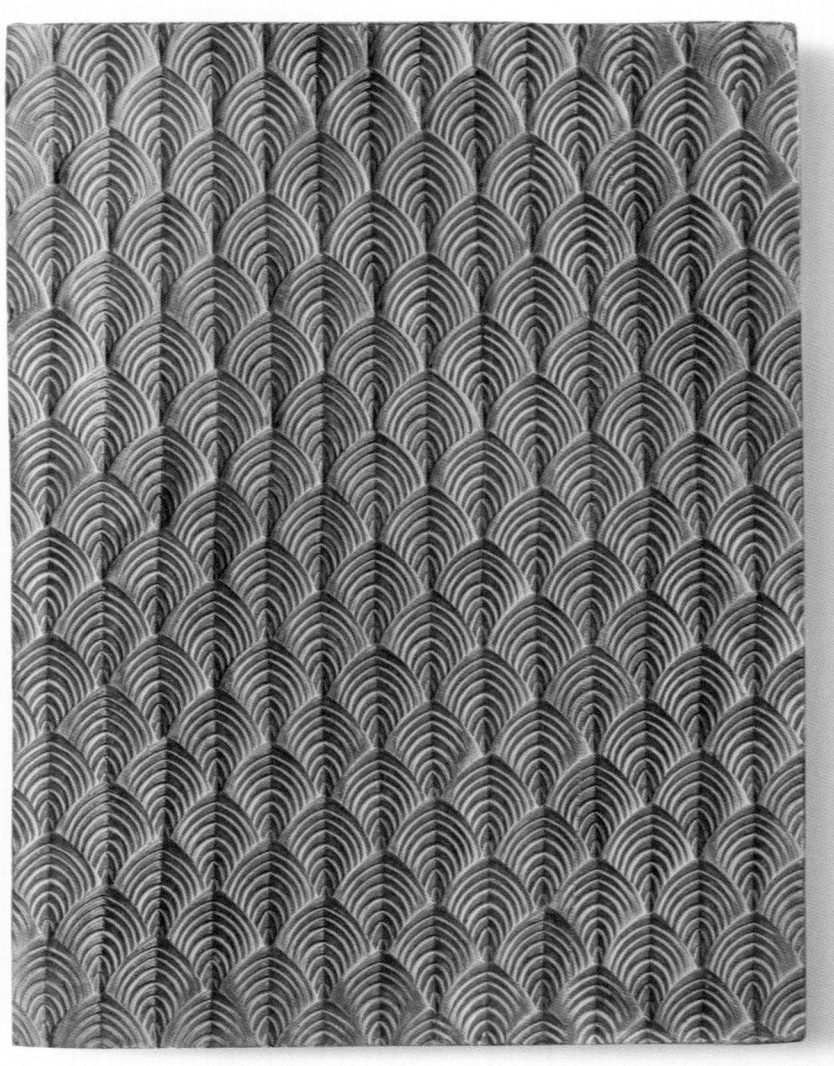

Margot Käßmann

Prof. Dr. theol., Dr. h. c., geb. 1958, ist evangelisch-lutherische Theologin und Pfarrerin. Sie war von 1999 bis 2010 Bischöfin der größten evangelischen Landeskirche in Hannover und 2009/2010 Ratsvorsitzende der Evangelischen Kirche in Deutschland. Davor war sie Gemeindepfarrerin, Studienleiterin der Evangelischen Akademie Hofgeismar und Generalsekretärin des Deutschen Evangelischen Kirchentags. Seit April 2012 wirkt sie als „Botschafterin des Rates der EKD für das Reformationsjubiläum 2017". Margot Käßmann ist Mutter von vier erwachsenen Töchtern.

Quellennachweise

Die Bibelzitate wurden der Lutherübersetzung entnommen.
Lutherbibel, revidierter Text 1984, durchgesehene Ausgabe,
© 1999 Deutsche Bibelgesellschaft, Stuttgart.

I   S. 67: Navid Kermani, Große Liebe, mit freundlicher Ge-
nehmigung des Carl Hanser Verlags, München 2014.

II   S. 68: Elisabeth Herrmann, Das Kindermädchen,
© 2007 Wilhelm Goldmann Verlag, München,
in der Verlagsgruppe Random House GmbH.

III   S. 75: Roger Willemsen & Kitty Kahane: „Das müde
Glück" © Hansisches Druck- und Verlagshaus GmbH, 2012.

IV   S. 109: Joachim Fuchsberger, Altwerden ist nichts für
Feiglinge, © Gütersloher Verlagshaus, Gütersloh, in der
Verlagsgruppe Random House GmbH.

V   S. 146: aus: Michael Lapsley, Mit den Narben der
Apartheid, Verlag Barbara Budrich, Opladen 2014.

VI   S. 161: Mechthild von Magdeburg: Gott ähnelt der Seele
in fünf Dingen. Übers. von Thomas Klein. In: Sprachspeicher.

200 Gedichte auf Deutsch vom achten bis zwanzigsten Jahrhundert, DuMont Buchverlag, Köln 2001, S. 59.

VII   S. 165: Zitiert nach: Entrüstet euch!, hg. v. Margot
Käßmann und Konstantin Wecker, Gütersloh 2015, S. 75.

VIII   S. 170: Bild am Sonntag, Ostern 2016, © Axel Springer SE.

IX   S. 207: Gioconda Belli, Wenn du mich lieben willst, Peter
Hammer Verlag, Wuppertal 1993.

X   S. 210: IN DIESEM MOMENT, Musik & Text: Stefanie
Retterbush, Claudio Pagonis, Christoph Masbaum, Florian
Peil, Martin Fliegenschmidt © Tinseltown Music Publishing,
Universal Music Publishing GmbH, HDW Publishing Karin
Heinrich und Friedhelm de Wall GbR.

XI   S. 225: Hanns Dieter Hüsch: Wir sind alle in Gottes Hand.
Aus: Hanns Dieter Hüsch / Jean Miro, Das kl. Buch zwischen
Himmel und Erde, Seite 22, 2013/8 © tvd-Verlag Düsseldorf,
2000.

Bildnachweise

Kristina Johlige Tolstoy

Seite 8, 208 und 247: Blattedrale II, 43 x 54 cm, 2014, Gipsguss, bemalt

Seite 20, 226 und 235: Licht und Dunkel, 22 x 22 cm, 2016, Gipsguss, bemalt

Seite 50 und 237: Scalesquare, 100 x 100 cm, 2014, Gipsguss

Seite 78 und 239: Eichelhütchen, Schnur, 42 x 54 cm, 2013, Gipsguss, bemalt

Seite 106 und 240/241: Grastrilogie, je 44 x 60 cm, 2014, Gipsguss

Seite 134 und 243: Eschensamen, 41 x 56 cm, 2013, Gipsguss, Eschensamen

Seite 162 und 244/45: Blue Twin, je 41 x 43 cm, 2014, Gipsguss, bemalt

Weitere Bücher und CDs von Margot Käßmann

Sehnsucht nach Leben

Klappenbroschur · 224 Seiten · € 12,99
ISBN 978-3-86334-048-3

Margot Käßmann schreibt über grundlegende Sehnsüchte wie
die Sehnsucht nach Liebe, nach Frieden, nach Freiheit. Und
darüber, dass es einen gibt, der uns durchs Leben begleitet …

Sehnsucht nach Leben – Hörbuch

Gekürzte Fassung · Gelesen von Margot Käßmann
Laufzeit ca. 79 Minuten · € 14,99 *
ISBN 978-3-942208-49-9

Sehnsucht nach Leben – Meditation mit Musik

Margot Käßmann und Hans-Jürgen Hufeisen
Laufzeit ca. 79 Minuten · € 14,99 *
ISBN 978-3-942208-75-8

Mehr als Ja und Amen

Gebunden · Mit Schutzumschlag
272 Seiten · € 17,99
ISBN 978-3-942208-77-2

„In zehn Kapiteln legt Margot Käßmann die Finger auf die gesellschaftlichen Wunden und fordert dazu auf, sich im Ehrenamt zu engagieren." *Zeitzeichen*

Das Zeitliche segnen

Gebunden · Mit Schutzumschlag
224 Seiten · € 17,99
ISBN 978-3-86334-024-7

Margot Käßmann schreibt offen über eigene Verluste und die Gewissheit, dass der Tod nicht das letzte Wort hat. Sie macht Mut, sich den großen Fragen des Lebens und Sterbens zu stellen – damit das Leben gelingt.

Der Verlag weist ausdrücklich darauf hin, dass im Text
enthaltene externe Links vom Verlag nur bis zum Zeitpunkt
der Buchveröffentlichung eingesehen werden konnten.
Auf spätere Veränderungen hat der Verlag keinerlei Einfluss.
Eine Haftung des Verlags ist daher ausgeschlossen.

Wir haben uns bemüht, alle Rechteinhaber zu ermitteln
und Einverständnisse einzuholen. Wo dies nicht gelungen
ist, bitten wir jeden, der sich in seinem Recht verletzt fühlt,
sich beim Verlag zu melden. Berechtigte Ansprüche werden
selbstverständlich angemessen abgeglichen.

Copyright © 2016 adeo Verlag
in der Gerth Medien GmbH, Dillerberg 1, 35614 Asslar

1. Auflage September 2016
2. Auflage Oktober 2016
3. Auflage November 2016
Bestell-Nr. 835112
ISBN 978-3-86334-112-1

Umschlaggestaltung: Gute Botschafter GmbH, Haltern am See
Autorenfotos: Steffen Roth, Berlin
Lektorat und Innengestaltung: Stefan Wiesner
Satz: Uhl + Massopust, Aalen
Druck: Print Consult München

www.adeo-verlag.de